JOHANNES BERNER

QUALITATIVE INHALTSANALYSE

Kompakt

Alle Ratschläge in diesem Buch wurden vom Autor und vom Verlag sorgfältig erwogen und geprüft. Eine Garantie kann dennoch nicht übernommen werden. Eine Haftung des Autors beziehungsweise des Verlags für jegliche Personen-, Sach- und Vermögensschäden ist daher ausgeschlossen.

Email: info@edition-lunerion.de
www.edition-lunerion.de

Psiana eCom UG
Berumer Str. 44
26844 Jemgum

Inhalt

Vorwort

Texte begegnen uns jeden Tag, ob im beruflichen Kontext oder in unserer Freizeit – ständig stehen wir vor der Aufgabe, den Inhalt eines Textes zu verstehen und zu verarbeiten. Dabei handelt es sich oftmals um eher kurze Texte, wie zum Beispiel E-Mails oder Nachrichtenmeldungen, die wir auf unserem Smartphone lesen. Lesen wir allerdings eine Zeitung oder ein Buch, ist der Umfang des Textes, den es zu verstehen und zu verarbeiten gilt, bereits größer. Müssen wir uns in komplizierte Sachtexte einarbeiten, gegebenenfalls sogar in einem Themengebiet, in dem wir keine Experten sind, spüren wir die Herausforderungen, vor die uns der Inhalt eines Textes stellen kann.

Insbesondere im schulischen oder universitären Kontext begegnen uns diese Texte häufiger. Im Gegensatz zu Büchern oder Tageszeitungen, bei denen wir uns aussuchen können, ob wir sie lesen wollen oder nicht, haben wir es in der Schule oder an Universität mit Pflichtlektüren zu tun, die wir nicht einfach zuklappen können, wenn wir keinen Zugang zu ihnen finden. So kann ein Mathematiklehrer zum Beispiel versuchen, in seiner Freizeit das Werk „Strukturwandel der Öffentlichkeit“ von Jürgen Habermas zu lesen. Wenn er nach 20 Seiten allerdings feststellt, dass er nichts von dem versteht, was dort in komplizierter Sprache und endlos lang erscheinenden Sätzen geschrieben steht, kann er das Buch genauso gut zuklappen und wieder in sein Regal stellen. Schließlich braucht er es nicht zwingend. Eine Studentin aber, die ihre Abschlussarbeit in Soziologie über Habermas schreibt, kann sich diesen „Luxus“ nicht erlauben.

In letzterem Fall hilft die qualitative Inhaltsanalyse! Wir werden uns im Laufe des Buches intensiv mit dieser wissenschaftlichen Methode befassen, mit deren Hilfe wir verschiedene Arten von Texten inhaltlich strukturiert analysieren und auswerten können. Aber keine Sorge, es handelt sich hierbei nicht um ein staubtrockenes akademisches Standardwerk. Durch zahlreiche Praxisbeispiele und konkrete Handlungsanweisungen gestaltet sich die Lektüre dieses Buches wesentlich flüssiger, ohne jedoch von wissenschaftlichen Standards abzuweichen.

Lassen Sie uns also gemeinsam in die Welt der qualitativen Inhaltsanalyse eintauchen. Viel Spaß beim Lesen!

Die Qualität eines Textes

In Geistes- und Sozialwissenschaften bilden Texte oftmals die Grundlage der wissenschaftlichen Arbeit, so etwa in der Soziologie, Literaturwissenschaft, Kommunikationswissenschaft sowie in der Philosophie. Die Analyse und Interpretation von Text ist in diesen Disziplinen das, was in der VWL die Interpretation von makroökonomischen Daten oder in der Mathematik die Untersuchung von Graphen mithilfe der Kurvendiskussion ist. Texte interpretieren? Bei manch einem weckt dies vielleicht Erinnerungen an den Deutschunterricht, in dem Gedichte und Balladen interpretiert wurden. „Was will uns der Autor damit sagen?", lautete die gängige Frage, die man bei einer Interpretation beantworten musste. Diese Frage wird uns im folgenden Buch noch beschäftigen, allerdings in einer deutlich konkreteren Form als bei einer Interpretation im Deutschunterricht. Wer also mit „weit hergeholten" Deutungen von Textmaterial nicht viel anfangen konnte, für den ist die Inhaltsanalyse das richtige Instrument.

Die Analyse von Textmaterial wird hierbei sehr strukturiert und anhand klarer Kriterien betrieben. Ich werde zunächst diese Kriterien sowie die Grundstruktur und die Techniken der wissenschaftlichen Methode der qualitativen Inhaltsanalyse erläutern. Im Anschluss daran soll es um die konkrete Zielsetzung und die Aufgabe der qualitativen Inhaltsanalyse im Forschungsprozess gehen. Auch wird hierbei der Unterschied zwischen qualitativen und quantitativen Methoden erklärt. Ferner werden wir uns verschiedene Disziplinen, von denen ich bereits einige aufgelistet habe, vornehmen und die qualitative Inhaltsanalyse in der jeweiligen Disziplin konkretisieren. Hiernach werden wir kurz über die Grenzen der Inhaltsanalyse sprechen, denn wie Sie vielleicht bereits wissen beziehungsweise erfahren haben – die perfekte Methode gibt es (noch) nicht, aber wir versuchen uns, dieser anzunähern. Zuletzt werden wir den ohnehin während der gesamten Erläuterungen stets vorhandenen Praxisbezug noch weiter intensivieren und anhand eines Fallbeispiels eine qualitative Inhaltsanalyse exemplarisch durchführen. Ziel dieses Buches ist es, Ihnen nicht nur die theoretischen Hintergründe näherzubringen, sondern Ihnen einen praktischen Leitfaden an die Hand zu geben, wie Sie in Ihrem Studium mit der qualitativen Inhaltsanalyse arbeiten können. Ganz am Ende des Buches finden Sie weiterführende Literatur zu dem Thema, damit Sie bei Interesse noch tiefer in das Thema einsteigen können. Auch der Umgang mit Literatur, die Recherche und damit verbunden die Zusammenstellung eines Textkörpers, den es zu analysieren gilt, wird ein Teil Ihres Studiums sein. Auch darauf werden wir später noch zu sprechen kommen. Nun möchte ich jedoch vorerst keine weiteren Worte verlieren, Sie brennen sicher schon darauf, sich näher mit der qualitativen Inhaltsanalyse zu beschäftigen.

Inhaltsanalyse kompakt erklärt

„Das Leben muss nicht reich sein,
wenn es nur inhaltsreich ist."
(Lise Meitner, Physikerin)

DEFINITION

Die Inhaltsanalyse (seltener wird auch der englische Begriff *content analysis* verwendet) wird allgemein als systematische Methode der Sozialwissenschaften definiert, deren Gegenstand die Inhalte von Kommunikation, meist in verschriftlichter Form (zum Beispiel Interviews, Zeitungsartikel etc.), sind.

So kann etwa ein Interview mit dem Bundeskanzler im SPIEGEL als Textgrundlage dienen, dasselbe gilt jedoch auch für einen Leserbrief oder einen Tweet mit nur 140 Zeichen. Grundsätzlich kann aber auch verbale Kommunikation Gegenstand einer Inhaltsanalyse sein, wobei wir uns hier im Buch mit der Analyse von schriftlichen Inhalten beschäftigen möchten.

Ziel der Analyse ist die wissenschaftliche Auswertung der Textinhalte, die meist hypothesengeleitet erfolgt. Das bedeutet, der oder die Forschende stellt eine Hypothese auf, die anhand des vorliegenden Textmaterials untersucht wird. Eine Methode, um diese Untersuchung durchzuführen, ist dabei die Inhaltsanalyse (Weber, 1990).

Ein kurzes Beispiel, um diese doch recht theoretische Formulierung verständlicher zu machen: Nehmen wir an, wir wollen uns die Berichterstattung über den Bundestagswahlkampf 2021 betrachten. Dazu analysieren wir Zeitungs- und Zeitschriftenartikel aus dem Politikteil großer deutscher Publikationen, etwa der Bild-Zeitung, der FAZ oder dem SPIEGEL. Dies ist mit den Methoden der Inhaltsanalyse möglich, denn es handelt sich um schriftliche Kommunikation, in diesem Fall eines Autors und dessen Verlag zu Leserinnen und Lesern.

Doch welche Aspekte wollen wir untersuchen? Schließlich bietet es uns aus wissenschaftlicher Sicht keinen Mehrwert, diese Artikel bloß zu lesen – wir brauchen also eine Hypothese, die wir mithilfe der Inhaltsanalyse überprüfen können, um sie dann entweder zu verifizieren oder zu falsifizieren. Oder, um es einfacher zu formulieren: Die Textanalyse hilft uns, festzustellen, ob unsere Ausgangshypothese stimmt oder nicht.

Eine Hypothese könnte sein, dass über die einzige Kanzlerkandidatin der Bundestagswahl 2021, Annalena Baerbock, anders berichtet wurde als über die beiden männlichen Kandidaten Olaf Scholz und Armin Laschet. Soziologen sprechen von Geschlechterrollen beziehungsweise Gender-Klischees, die Frauen eine andere Rolle im öffentlichen Raum zuschreiben als Männern. Klassischerweise werden Frauen als eher zurückhaltend-passiv, Männer als aggressiver und aktiver beschrieben (Gildemeister & Wetterer, 1992). Eine Hypothese wäre also, dass diese Zuschreibung die Berichterstattung über die Kanzlerkandidaten beeinflusst hat. Auf Basis dieser Hypothese können wir die ausgewählten Texte mit inhaltsanalytischen Methoden überprüfen und so herausfinden, ob Genderklischees in der Berichterstattung tatsächlich rezipiert wurden oder ob sie im Jahr 2021 bereits weitestgehend überkommen sind.

Geschichtlicher Hintergrund

Falls Sie sich wundern, warum die hier angeführten Beispiele derart „sozialwissenschaftslastig" sind, lassen Sie uns kurz einen Blick auf die Geschichte der qualitativen Inhaltsanalyse werfen. Vor mehr als 30 Jahren wurde diese Methode erstmals im Rahmen eines Forschungsprojekts des Psychologen Philipp Mayring zu *psychosozialen Folgen von Arbeitslosigkeit* angewendet. Hierfür wurden 600 Interviews anhand eines Leitfadens (sogenannte halboffene Interviews) mit arbeitslosen Menschen geführt und anschließend anhand zweier Kriterien ausgewertet: 1. Kognitive Verarbeitung, das heißt der Umgang und die Akzeptanz beziehungsweise Nicht-Akzeptanz des Zustandes der Arbeitslosigkeit, und 2. Bewältigungsversuche, also Versuche, mit den negativen psychischen Folgen zurechtzukommen (Mayring, Zur subjektiven Bewältigung von Arbeitslosigkeit, 1985).

600 Interviews produzieren, wie wir uns unschwer vorstellen können, eine enorme Menge an Text. Es bedurfte daher einer Methode, das vorhandene Textkorpus strukturiert auszuwerten und dabei möglichst effizient und dennoch präzise zu sein. Die qualitative Inhaltsanalyse war als Methode der Sozialwissenschaft geboren! Zwar wurde die Methode, insbesondere von Mayring selbst, stetig weiterentwickelt, der Grundgedanke und das Anwendungsfeld der Sozialwissenschaften ist aber bis heute erhalten geblieben.

Biographie:

Philipp Mayring

Als einer der Urväter und wichtigsten Vertreter der qualitativen Inhaltsanalyse gilt der deutsche Psychologe, Soziologe und Pädagoge Philipp E. A. Mayring (Mayring, Qualitative Inhaltsanalyse. Grundlagen und Techniken, 1983).

Dieser wurde 1952 in München geboren und studierte später sowohl in seiner Geburtsstadt als auch in Augsburg, wo er 1985 in Psychologie promovierte. Seit 2002 ist Mayring Professor für psychologische Methodenlehre an der Universität Klagenfurt, lehrte aber auch als Gastprofessor in Wien und Freiburg. Zudem beriet er das deutsche Bildungs- und Wissenschaftsministerium (Universität-Klagenfurt, kein Datum).

Seit 2017 ist Philip Mayring pensioniert, veröffentlicht jedoch nach wie vor regelmäßige Beiträge zum Methodendiskurs, vor allem zur qualitativen Inhaltsanalyse.

Relevanz der Methode

Was dem Naturwissenschaftler die Formel,
ist dem Sozialwissenschaftler der Text.

So oder zumindest so ähnlich könnte man das Verhältnis der Sozialwissenschaft zum geschriebenen Wort zusammenfassen. Somit lässt sich die Relevanz der qualitativen Inhaltsanalyse ableiten. Verfahren, die strukturiert und regelbasiert größere Textmengen ordnen und helfen, diese auf eine oder mehrere Hypothesen hin zu prüfen, sind unerlässlich in der wissenschaftlichen Forschung.

Denn selbst Naturwissenschaftler beschäftigen sich ja nicht ausschließlich mit dem Satz des Pythagoras oder der Mitternachtsformel, sondern auch sie müssen sich mit langen Texten auseinandersetzen, in denen zum Beispiel Heisenberg seine *Unschärferelation* erklärt oder Bohr die *Kopenhagener Deutung* der Quantenmechanik ausformuliert. Ohne das geschriebene Wort kann keine Wissenschaft betrieben werden und ohne eine Methode zur Analyse des geschriebenen Wortes kann keine strukturierte Auseinandersetzung mit dem Gegenstand der Wissenschaft erfolgen.

Quantitative und qualitative Methoden

Bevor wir auf die verschiedenen Techniken der quantitativen und qualitativen Inhaltsanalyse eingehen, sollten wir zunächst kurz auf den allgemeinen Unterschied zwischen quantitativer Forschung und qualitativer Forschung eingehen.

Quantitativ

Die quantitative Forschung ist, wie der Name bereits verrät, auf die Feststellung von Quantitäten, zu Deutsch *Anzahlen* oder *Häufigkeiten*, spezialisiert. Dazu werden standardisierte Verfahren angewendet.

Quantitative Methoden sind beispielsweise

- die Analyse statistischer Daten,
- Messungen,
- Befragungen,
- Tests sowie
- Zählungen oder
- strukturierte Beobachtungen.

Ein klassisches Anschauungsbeispiel ist hier die **Sozial- oder Marktforschung**. So ist etwa die bekannte Sonntagsfrage „Welche Partei würden Sie wählen, wenn heute Bundestagswahl wäre?“ eine klassische quantitative Erhebung. Es werden Kategorien gebildet, in diesem Fall die zur Wahl stehenden Parteien. Anschließend werden die Antworten quantifiziert, also nummerisch ausgezählt. Von 10.000 Befragten haben 2.900 Befragte „SPD“ geantwortet, 2.650 „CDU“ und so weiter. Daraus wird eine Prozentzahl errechnet, die dann anhand eines einfachen Balken- oder Tortendiagramms dargestellt werden kann.

Auch **Skalierungen** sind ein klassisches Beispiel der quantitativen Forschung. Bei einer Umfrage werden die Teilnehmenden gefragt, wie zufrieden sie mit ihrem Leben sind. Die Antwort soll auf einer Skala von 1 – sehr unzufrieden bis 10 – sehr zufrieden erfolgen, es handelt sich also um eine geschlossene Frage. Im Anschluss wird die Frage noch differenziert, zum Beispiel in „ökonomische Situation", „gesundheitliche Situation", „familiäre Situation" etc. Alle Antworten erfolgen aber auf der Skala von 1 bis 10. Somit ist auch die Auswertung rein an der Quantität interessiert, es wird am Ende also ein Ergebnis präsentiert, welches einen Zahlenwert anzeigt. Etwa: *Der durchschnittliche Deutsche bewertet seine Lebenssituation mit 6,2*. Dieses Ergebnis liefert jedoch keine Erklärung, das heißt keine Gründe, weshalb die Befragten so geantwortet haben. Diese Gründe können mithilfe von qualitativer Forschung evaluiert werden.

Qualitativ

Die qualitative Forschung setzt nicht auf standardisierte Verfahren, also weniger auf Listen und Skalen, sondern, um beim genannten Beispiel zu bleiben, auf offene Fragen.

Dabei werden

- detailliert subjektive und
- individuelle Erkenntnisse

über Ausführungen und Haltungen ermittelt.

Qualitativen offenen Fragen kann eine quantitative Frage vorausgehen:
„Wie beurteilen Sie Ihre Lebenssituation von 1 bis 10? Warum haben Sie diese Bewertung gewählt?"

Die qualitative Forschung kann sich jedoch auch völlig offenen Assoziationen bedienen:
„Wie beurteilen Sie Ihre Lebenssituation?",
„Wie beurteilen Sie die neue Verpackung dieses Produktes und warum?"

Es geht hier der qualitativen Forschung also nicht nur um das „Wie", sondern vor allem um das „Warum".

Auch wenn wir erneut in das Feld der Inhaltsanalyse zurückkehren, sehen wir, dass diese sowohl qualitativ als auch quantitativ betrieben werden kann.

> Quantitative Analysen beschränken sich im Wesentlichen auf die Auszählung von Begriffen oder Kategorien, während qualitative Analysen vermehrt inhaltlich-interpretativ arbeiten.

Techniken bekannter inhaltsanalytischer Verfahren

Die Techniken der Inhaltsanalyse sind in vielen wissenschaftlichen Disziplinen, vor allem aber in den Sozialwissenschaften, zu einer etablierten Methode geworden (Mayring, Qualitative Inhaltsanalyse, 2010). Ein großer Vorteil der inhaltsanalytischen Verfahren ist, dass sie auf große Materialmengen ausgerichtet sind, das heißt, wenn zum Beispiel Zeitungsartikel verschiedener Zeitungen über einen Zeitraum von fünf Jahren ausgewertet werden sollen, bieten inhaltsanalytische Verfahren passende Techniken, um diese Fülle an geschriebenem Material gezielt auszuwerten (Krippendorf, 2004). Insbesondere Historiker und Sozialwissenschaftler dürften während ihres Studiums des Öfteren mit dem beschriebenen Szenario konfrontiert sein. Zu diesem Zweck wurde – ursprünglich in der Kommunikationswissenschaft, später auch in anderen Sozialwissenschaften – zunächst die quantitative Inhaltsanalyse etabliert. Diese bedient sich im Wesentlichen vier Techniken (Gerbner, Holsti, Krippendorf, Pastely, & Stone, 1969):

1. Häufigkeitsanalysen: In einem simplen Auszählungsverfahren wird die Häufigkeit von im Text verwendeten Begriffen bestimmt.

Beispiel: Nehmen wir an, wir wollten die Leitartikel von drei großen Zeitungen in einem Zeitraum von zehn Jahren über das Thema „Russland“ analysieren. Wir wollen untersuchen, wie sich der Schwerpunkt der Berichterstattung in den letzten Jahren verlagert hat. Dazu würden bei der Häufigkeitsanalyse zunächst Begriffe definiert, die als wesentlich für die Berichterstattung gelten können, in diesem Fall also zum Beispiel „Ukraine“, „NATO“, „Putin“, „Krieg“ oder „Gaslieferungen“. Wir zählen die reine Häufigkeit der Begriffe in den Artikeln und können somit feststellen, ob zum Beispiel im Jahr 2022 vermehrt über „Gaslieferungen“ geschrieben wurde, wohingegen im Jahr 2014 „NATO“ noch deutlich häufiger Thema war[1].

[1] Dieses Beispiel ist fiktional.

2. Komplexe Häufigkeitsanalysen: Bei komplexen Häufigkeitsanalysen werden Indikatoren in Texten festgelegt und anschließend ebenfalls ausgezählt. Diese Indikatoren werden auch Variablenindikatoren genannt, da jeder Indikator eine bestimmte Anzahl an Variablen aufweist.

Beispiel: Nehmen wir zur Veranschaulichung erneut das Beispiel „Russland" in Leitartikeln großer Zeitungen. Ziel einer komplexen Häufigkeitsanalyse könnte es sein, herauszuarbeiten, ob sich der Tenor der Berichterstattung im in puncto *politischer Umgang* mit Russland verändert hat. Es könnten also Indikatoren für
a) diplomatische Lösungen,
b) wirtschaftliche Sanktionen und
c) kriegerische Handlungen herausgearbeitet werden.

Variablen von
a) wären demnach zum Beispiel „Diplomatie", „Austausch", „Dialog";
b) könnten „Embargo", „Sanktionen", „Exportstopp" und so weiter sein;
c) hingegen wären etwa „Waffenlieferungen", „Aufrüstung", „Militär" etc.

Durch die Auszählung der Variablen und die Zuordnung zu den Kategorien/Indikatoren ließe sich also eine Hypothese über einen vorhandenen oder nicht vorhandenen Wandel des Schwerpunkts der Berichterstattung formulieren.

3. Kontingenzanalyse: Die Kontingenzanalyse geht noch einen Schritt weiter. Sie untersucht die Zusammenhänge zwischen den Kategorien und ist damit geeignet, Argumentationsmuster und –zusammenhänge aufzuzeigen.

Beispiel: Es wird also untersucht, ob zum Beispiel die Forderung nach ökonomischen Sanktionen und militärischer Aufrüstung in Texten oftmals im Zusammenhang genannt werden. Somit könnte etwa die Hypothese untersucht werden, dass die Autoren von Leitartikeln, die über Wirtschaftssanktionen schreiben, auch häufig über militärische Intervention berichten oder ob der umgekehrte Fall angenommen werden kann.

4. Valenz- und Intensitätsanalysen: Bei dieser Methode erfolgt die Analyse der Häufigkeit anhand der aufgestellten Kategorien, zusätzlich wird jedoch eine Bewertung der Kategorien durch ein Schema, meist „positiv", „neutral", „negativ", vorgenommen.

Beispiel: In unserem gewählten Beispiel erscheint diese Zuordnung intuitiv, da die Berichterstattung über Putin oder das russische Militär in den deutschen Leitartikeln, mit wenigen Ausnahmen, sicher in die Kategorie „negativ" einzuordnen ist. Bei anderen Themen, zum Beispiel den Maßnahmen gegen die Covid-19-Pandemie, der Einschränkung des Fleischkonsums durch politische Beschlüsse oder der Einführung einer allgemeinen Höchstgeschwindigkeit auf Autobahnen, wird diese Zuordnung interessanter, da hier kontroversere oder weniger eindeutig intuitive Positionen zu erwarten sind. Wird bei den anderen Verfahren noch keine inhaltliche Wertung vorgenommen, spielt diese bei der Valenzanalyse erstmals eine Rolle.
(Mayring, Qualitative Inhaltsanalyse, 2010).

Die quantitative Inhaltsanalyse bot also erstmals eine regelgeleitete methodologische Möglichkeit zur Analyse großer Textmengen. Jedoch kam bereits kurz nach ihrer Entstehung die erste Kritik auf. Man könne mit der quantitativen Inhaltsanalyse keine Sinnstrukturen oder Argumentationsmuster analysieren, sondern diese höchstens andeuten. Eine vollständige Analyse des Textmaterials, die auch eine inhaltliche Interpretation verlangt, sei durch den quantitativen Forschungsansatz nicht durchführbar.

Somit wurde das Konzept der Inhaltsanalyse, insbesondere vom bereits erwähnten Philipp Mayring, weiterentwickelt, um fortan ebendiesem interpretatorischen Ansatz gerecht zu werden. Hierzu haben sich drei Grundtechniken etabliert: Zusammenfassungen, Explikationen und Strukturierungen.

5. Zusammenfassungen: Der Text wird auf seine wesentlichen Bestandteile reduziert, um zu den zentralen Aussagen und Thesen des Textes zu gelangen. Aus diesen Kernaussagen erfolgt eine *Kategorienbildung*. In den meisten Texten, ob wissenschaftlich oder publizistisch, gibt es Kategorien, die einem Text Struktur verleihen.

Nehmen wir an, in einer Zeitung wird über die Konstituierung einer neuen Bundesregierung und die Besetzung der einzelnen Ressorts berichtet. Hierbei gibt es diverse Themenfelder, die Gegenstand der Berichterstattung sein könnten; um diese zu strukturieren, werden daher Kategorien eingeführt, zum Beispiel die Kategorien „Wirtschaft und Finanzen", „Umweltpolitik", „Sozial- und Familienpolitik" etc. Auch publizistische Texte differenzieren hier in aller Regel, um stringent und themengeleitet berichten beziehungsweise kommentieren zu können.

Nicht immer werden diese Kategorien dabei explizit benannt. Die Übergänge können fließend sein und bei manchen Texten ist es eine Herausforderung, die richtigen Kategorien zu bilden. Im ersten Schritt erfolgt die Kategorienbildung dabei *induktiv*, das heißt, die Kategorien werden aus dem vorgegebenen Material entwickelt.

Ein Beispiel aus der eng mit der Sozialforschung verwandten Marktforschung kann den Prozess der induktiven Kategorienbildung verdeutlichen. Wir haben bereits gelernt, dass auch Interviews, sofern sie qualitativ geführt werden, eine Textgrundlage für die Inhaltsanalyse sein können. Gehen wir davon aus, dass ein Süßwarenhersteller einen neuen Keks auf den Markt bringen möchte. Um sicherzugehen, dass der Keks den Geschmack der Konsumenten trifft, lässt der Hersteller vorher Marktforschung betreiben, bei dieser werden zufällig ausgewählte Probanden gebeten, den Keks zu probieren und zu bewerten. Ein Interviewer stellt dazu Fragen: „Was gefällt Ihnen an diesem Produkt?", „Was gefällt Ihnen weniger?" etc.

Nach zum Beispiel 150 Interviews wird eine Auswertung vorgenommen. Da man vor der Durchführung der Interviews nicht wusste, welche Antworten die Probanden geben würden, konnte noch keine vollständige Kategorienbildung erfolgen. Diese geschieht nun anhand des vorliegenden Materials. Die Probanden erwähnten zum Beispiel „Geschmack", „Konsistenz", „Nachgeschmack", „Zusammenspiel der Zutaten" und „Größe des Produkts". Also bilden diese Kategorien die Grundlage der Auswertung, die anhand inhaltsanalytischer Techniken erfolgt. Dies verbirgt sich hinter dem Begriff der *induktiven Kategorienbildung*.

7 Schritte zur induktiven Kategorienbildung[2]:

1. **Analyseeinheit bestimmen:** In unserem Beispiel wären dies alle Aussagen, die von Probanden über den getesteten Keks getroffen wurden.

2. **Paraphrasieren:** Die Aussagen werden in eigenen Worten wiedergegeben und von überflüssigen Füllwörtern befreit. Gerade bei Interview-Transkripten gibt es häufig überflüssige Füllwörter, da die Probanden nicht druckreif antworten.

Die Aussage „Ja, also der Keks, der ist schon lecker, der Schokoladengeschmack, der ist echt gut" würde in der Paraphrase schlicht lauten „leckerer Schokoladengeschmack".

3. **Abstrahieren:** Aus den paraphrasierten Aussagen werden nun Kategorien gebildet. Wichtig ist dabei, dass die Kategorien ein möglichst hohes Abstraktionsniveau haben, sodass Sie sich nicht in Ihren eigenen Kategorien verlieren.

„Leckerer Schokoladengeschmack" wäre also keine Kategorie, die übergeordnete Kategorie wäre „Schokoladengeschmack" oder gegebenenfalls sogar nur „Geschmack". Das Abstraktionsniveau ergibt sich dabei aus dem Material – grundsätzlich gilt jedoch: Je abstrakter, desto strukturierter und reduzierter sind die Bearbeitungskategorien.

2 Mayring beschreibt in seinem Standardwerk sieben Schritte, Schritt vier ist bei ihm die erste Reduktion, Schritt fünf die zweite Reduktion. Die Reduktion kann je nach Material auch in einem einzelnen Schritt erfolgen.

4. **Reduzieren I**: Die Aussagen werden auf ihren Kern und die für unsere Analyse relevanten Aspekte reduziert.

Bleiben wir bei dem Beispiel des Geschmackstests: Die Aussage „der Keks ist lecker, ich habe in meinem letzten Urlaub in Spanien auch so einen leckeren Keks gegessen, die Marke gibt es in Deutschland gar nicht" bietet uns keinen Mehrwert für unsere Marktforschung. Die einzig relevante Aussage ist hier: „Der Keks ist lecker." Im weiteren Verlauf des Interviews werden wir herausfinden, warum die Person ihn lecker findet. Die Anekdote aus dem Spanien-Urlaub ist für die Auswertung irrelevant und gehört daher gestrichen.

5. **Reduzieren II:** Reduktion ist sehr wichtig, um den Überblick zu behalten und sicherzugehen, dass man inhaltlich nicht abschweift. Daher kann die Reduktion in zwei Schritten erfolgen, um sicherzustellen, dass wirklich keine überflüssigen Aussagen oder unnützen Kategorien mehr in unserer Auswertung berücksichtigt werden.

6. **Zusammenfassen als Kategoriensystem:** Wir gehen alle getroffenen Aussagen in unseren Transkripten durch und ordnen sie einer jeweiligen Kategorie zu. Im Idealfall lässt sich nun jede relevante Aussage einer Kategorie zuordnen, falls relevante Aussagen nicht eingeordnet werden können, muss gegebenenfalls eine neue Kategorie ergänzt werden.

7. **Rücküberprüfen:** Gleichen Sie das Material und die Kategorien unbedingt final miteinander ab. Gibt es Kategorien, die sich sehr ähneln, die man also zu einer zusammenfassen könnte? Gibt es Aussagen, die sich nicht in die Kategorien einordnen lassen? Treffen die Kategorien den Kern Ihres Analyseziels? Dieser „Double Check" ist ungemein wichtig, um sich selbst zu überprüfen und am Ende sicherzustellen, dass man mit dem eigens geschaffenen System gut arbeiten kann.

6. Explikationen: Wie bereits festgestellt, vermochte es die quantitative Inhaltsanalyse nicht, den Kontext und die Sinnstruktur der behandelten Texte deutlich zu machen. Die qualitative Inhaltsanalyse ist nun in der Lage, genau diese Kontextualisierung vorzunehmen. Daher werden im zweiten Schritt, der Explikation, die unklaren oder nicht eindeutigen Textstellen kontextualisiert. Dies muss nicht unbedingt aus dem Text heraus erfolgen.

Es kann zum Beispiel sein, dass eine Aussage in einem Text nur durch das Lesen des Textes nicht erklärbar ist. Man muss also weiteres Material einbeziehen, um die Passage zu verstehen. Bleiben wir zum besseren Verständnis bei einem aktuellen Beispiel. Bundeskanzler Olaf Scholz bezeichnete Ende des Jahres 2022 ein von der Bundesregierung verabschiedetes Hilfspaket für die Bürger zur Bewältigung der rapide gestiegenen Energiepreise als „Doppel-Wumms". Dieser Begriff ergibt ohne Kontext keinen Sinn, es handelt sich um einen Neologismus, also eine Neuschöpfung eines Wortes, das man in keinem Wörterbuch finden kann. Stellen wir uns nun vor, wir analysieren einen Text aus dem Frühjahr 2023, der in einer Passage Bezug auf die Formulierung des Kanzlers nimmt, diese aber nicht erklärt oder einordnet. Nur mit diesem Text aus 2023 können wir also nicht verständlich machen, welche Aussage oder welche Maßnahme der Bundesregierung hier kommentiert wird. Wir benötigen dazu den Kontext und damit den Verweis auf andere Texte, die explizit erklären, welche Maßnahmenpakete hinter dem „Doppel-Wumms" stecken. Haben wir bisher also ausschließlich mit dem Textmaterial selbst gearbeitet, kommen nun weitere Materialien hinzu, die zum Verstehen unseres Textes benötigt werden.

6 Schritte zur Explikation:

1. **Bestimmen der Auswertungseinheit:** Wir müssen zunächst bestimmen, auf welche Textstelle die Explikation angewendet werden soll. Oder noch einfacher gesagt: Welche Stelle im Text ist unklar und kann nur mithilfe der Explikation erklärt werden?

2. **Lexikalisch-grammatikalisch definieren:** Bei manchen Begriffen kann es bereits ausreichend sein, sie in einem Wörterbuch nachzuschlagen, etwa, wenn es sich um ein wenig geläufiges Wort, einen Fachbegriff oder ein Fremdwort handelt. Gerade bei Fachtermini empfiehlt sich der Blick in ein Wörterbuch des entsprechenden Fachs, da zum Beispiel die Rechts- oder Wirtschaftswissenschaften oftmals eigene Fachtermini haben, die sich ohne den entsprechenden Hintergrund kaum verstehen lassen.

3. **Explikationsmaterial bestimmen:** Um die Explikation durchzuführen, müssen wir bestimmen, welche Materialien sich dazu eignen, eine unklare Textpassage zu erklären. Hierbei gilt, etwas vereinfacht gesagt, das Prinzip *„von innen nach außen"*. Im ersten Schritt müssen wir also schauen, ob uns nicht das Textkorpus selbst eine Erklärung bietet. Erklärt sich die fragliche Stelle aus dem Material heraus, ist diese Erklärung zunächst zu übernehmen. Ist dies nicht möglich, benötigen wir eine zweite Quelle, wie im erwähnten Beispiel einen zweiten Zeitungsartikel. Gibt es keine zweite Quelle, müssen andere Recherchewege beschritten werden.

Um im Bereich des Politischen zu bleiben, könnten beispielsweise Webseiten von Parteien oder Politikern, Pressemitteilungen oder Interviews Antworten auf die offenen Fragen bieten. Bei akademischen Texten bieten sich Fachbücher oder Beiträge in Journals an.

4. **Enge oder weite Kontextanalyse:** Die Kontextualisierung aus dem eigens gewählten Material heraus bezeichnet Mayring als enge Kontextanalyse, das Hinzuziehen von Sekundärquellen als weite Kontextanalyse. Die weite Kontextanalyse bedarf dabei stets einer Begründung. Ziel sollte es sein, alle Fragen aus dem Text heraus zu beantworten. Ist dies nicht möglich, sollte kurz und knapp begründet werden, warum die entsprechende Sekundärquelle für das Textverständnis relevant ist.

5. **Explizierende Paraphrasen formulieren:** Haben wir also die Kontextualisierung mithilfe des Textes oder mithilfe von Sekundärliteratur vorgenommen, müssen wir eine Interpretation der entsprechenden Textstelle formulieren. Mayring spricht hier von der *explizierenden Paraphrase*. Die unklare Textstelle wird also in eigenen Worten erklärt und kann nun Gegenstand der Analyse sein.

6. **Überprüfen:** Dieser Schritt sollte keinesfalls fehlen, schließlich kann es schnell passieren, dass man sich in seinem Material und in seinen eigenen Recherchen verliert. Man selbst ist dann derart vertieft in das Thema, dass man die Perspektive eines Außenstehenden nicht mehr mitdenkt. Gerade diese ist aber entscheidend, denn das Ziel der Inhaltsanalyse ist es schließlich, eine Analyse zu liefern, die auch von Dritten, im Zweifelsfall von Ihrem Professor an der Universität, verstanden und beurteilt werden kann. Ist die Explikation verständlich und sind alle unklaren Formulierungen oder Passagen entsprechend eingeordnet? Dann ist der zweite Schritt hiermit abgeschlossen. Bemerken Sie bei einer zweiten Überprüfung weitere Unklarheiten, sollten Sie die Explikation weiterführen, bis es keine offenen Fragen mehr gibt.

7. Strukturierungen: Mayring bezeichnet die „Strukturierungen" auch als *deduktive Kategorienanwendung*. Hatten wir es vorhin noch mit induktiven, also aus dem Text heraus gebildeten Kategorien zu tun, liegt hier nun der gegenteilige Fall vor. Außerdem geht es im dritten Schritt nicht mehr um die *Bildung*, sondern um die *Anwendung* der Kategorien.

Es wird also kein Kategoriensystem mehr aus dem vorhandenen Material gebildet, sondern das Material, also die Inhalte des Textes, wird in eine bereits vorgegebene Struktur eingeordnet. Die Inhalte werden daher nach dem vorgegebenen Schema strukturiert. Sie fragen sich vielleicht an dieser Stelle, woher das Kategoriensystem kommt, denn vor dem Einstieg in die Textanalyse können wir doch eigentlich keine Kategorien festlegen, oder? Auf manche Fälle mag das sicherlich zutreffen, doch in der Regel gibt es im wissenschaftlichen Arbeitsprozess immer bereits eine Reihe von *Theorien*, die dem Gegenstand unserer Betrachtungen zugrunde liegen.

Bevor wir unser Kategoriensystem ausbilden, muss also eine intensive Beschäftigung mit den Theorien erfolgen, die uns bereits eine gewisse Struktur liefern, aus der heraus wir unser System konstruieren können.

Bleiben wir bei bereits bekannten Beispielen. Wenn wir unsere Marktforschung betrachten, so ist es ziemlich unmöglich, vor der Durchführung von Interviews ein festes Kategoriensystem zu entwickeln. Natürlich kann man in etwa ahnen, dass der Geschmack, die Größe oder die Konsistenz des Produktes bei den Interviews relativ häufig genannt werden. Doch was, wenn plötzlich Aspekte genannt werden, mit denen man nicht unbedingt rechnen konnte? Bei qualitativen Interviews mit offenen Fragen muss man bei einer gewissen Anzahl von Befragten immer mit besonderen Ansichten und Meinungen rechnen. Würden wir diese vollends ignorieren, wäre unser Kategoriensystem unter Umständen unvollständig. Schließlich gibt es zwar durchaus Theorien zu Marktforschung, nicht aber zu dem konkret getesteten Produkt, weshalb uns auch der Ausflug in die Theorie an dieser Stelle nur bedingt weiterhelfen würde. Betrachten wir aber das Beispiel der Analyse von Wahlkampfberichterstattungen vor dem Hintergrund der Geschlechterklischees, so finden wir eine Menge theoretische Grundlagen zu Geschlechterrollen, Performativität von Geschlecht oder auch allgemeine Literatur über die Entstehung und Perpetuierung von Stereotypen und Klischees. In diesem Fall könnte man sich die entsprechende Theorie anlesen und aus ihr heraus ein Kategoriensystem bilden, in welches schließlich die Texte, also die Leitartikel und Kommentare der Zeitungen, einsortiert werden.

Im Allgemeinen gibt es zwei Möglichkeiten zur deduktiven Kategorienanwendung:

a. Kategorien werden aus dem Forschungsstand abgeleitet: Wir gehen davon aus, dass Ihnen der grundlegende Aufbau einer wissenschaftlichen Arbeit bekannt ist. Nach dem Entwickeln einer Hypothese wird zunächst der Forschungsstand dargelegt, das heißt die wesentlichen Erkenntnisse und Ergebnisse der bisherigen Forschung zu dem Thema. Wenn Ihre Forschungsfrage nicht explizit auf *eine* bestimmte Theorie abzielt, ist es sinnvoll, sich zunächst mit dem Forschungsstand zu beschäftigen.

Bei der Frage, ob über eine Kanzlerkandidatin anders berichtet wird als über einen Bundeskanzlerkandidaten, wäre dies der Fall. Wir haben hier eine allgemeine Fragestellung, die nicht auf eine einzelne Theorie abzielt. Anders wäre es, wenn wir uns explizit fragen würden, inwiefern das Doing-Gender-Konzept die Wahlkampfauftritte von Kandidatinnen beeinflusst. In einem solchen Fall ist die konkrete Theorie die Grundlage des Kategoriensystems. In unserem Fall jedoch, mit einer offenen Fragestellung, ist der gesamte Forschungsstand von Bedeutung. Am besten erstellen Sie eine tabellarische Übersicht, in die Sie die verschiedenen Theorien und Erkenntnisse des Forschungsstandes einsortieren. Hierbei ist es wichtig, dass sich die Kategorien auch aus dem Forschungsstand ergeben. Spekulative Kategorien oder Prämissen ohne konkrete Begründung aus dem Forschungsstand können dazu führen, dass die Kategorien verwässern und am Ende zu unkonkret werden.

b. Bestehende Theorien werden operationalisiert: Wenn wir uns einer bestehenden Theorie bedienen, haben wir bereits einen engeren Rahmen vorgegeben.

Nehmen wir Doing Gender, so haben wir es bereits mit einem bestimmten Geschlechtsbegriff, einer Differenzierung zwischen Sex (also dem biologischen Geschlecht) und Gender (dem sozialen Geschlecht) zu tun. Auch einige weitere Begriffe und Grundlagen der Theorie werden wir bei genauerer Lektüre verstehen und verwerten können. Dies heißt jedoch nicht, dass wir stets die vorgegebenen Kategorien übernehmen und spiegeln müssen. In den Sozialwissenschaften haben wir es mit Theorien zu tun, die von Menschen gemacht sind und die sich im Wandel der Zeit genauso gut verändern können. Während sich die Schwerkraft oder die Umlaufbahn der Erde nicht wandelt, können Geschlechterrollen, Beziehungen zwischen Staaten oder die Organisation von Arbeitsprozessen sich sehr wohl wandeln beziehungsweise bewusst verändert werden. Daraus folgt, dass keine Theorie perfekt oder für die Ewigkeit ausgelegt ist – unsere Kategorien und unser System können daher in manchen Punkten auch von dem der Ausgangstheorie abweichen, sollten sich allerdings stets klar erkennbar an ihr orientieren.

i. **Hauptkategorien:** Befassen Sie sich so detailliert wie möglich mit Ihrer theoretischen Grundlage. Versuchen Sie dabei, die Arbeit des Autors genau zu durchdringen. Dadurch lassen sich Hauptkategorien eines jeweiligen Theoriekonstrukts identifizieren. Diese liegen der Theorie zugrunde, ohne sie ist das Konzept nicht denkbar.

Bei Doing Gender zum Beispiel wären es das biologische Geschlecht, das soziale Geschlecht sowie gesellschaftliche Erwartungen, also sozusagen „die Anderen", die mit einem bestimmten Bündel an Rollenvorstellungen durch das soziale Alltagsleben gehen und deren Erwartungen man erfüllen möchte oder muss.

ii. **Unterkategorien:** Jede Kategorie wiederum hat in der Regel noch Unterkategorien, die das Konzept weiter ausdifferenzieren.

So hat ja zum Beispiel das soziale Geschlecht wiederum mehrere Dimensionen, von sozialen Verhaltensweisen angefangen bis hin zu Kleidungsstil, Haarschnitt oder Berufswahl. Auch die soziale Konstruktion, also gesellschaftlich verankerte Stereotype, können wiederum in einzelne Unterkategorien eingeteilt werden, etwa Stereotype spezifisch über das Geschlecht, aber auch über Nationalitäten, Religionen, den ökonomischen Status etc. In der Praxis lassen sich Kategorien und Unterkategorien oftmals in Form einer Mindmap darstellen.

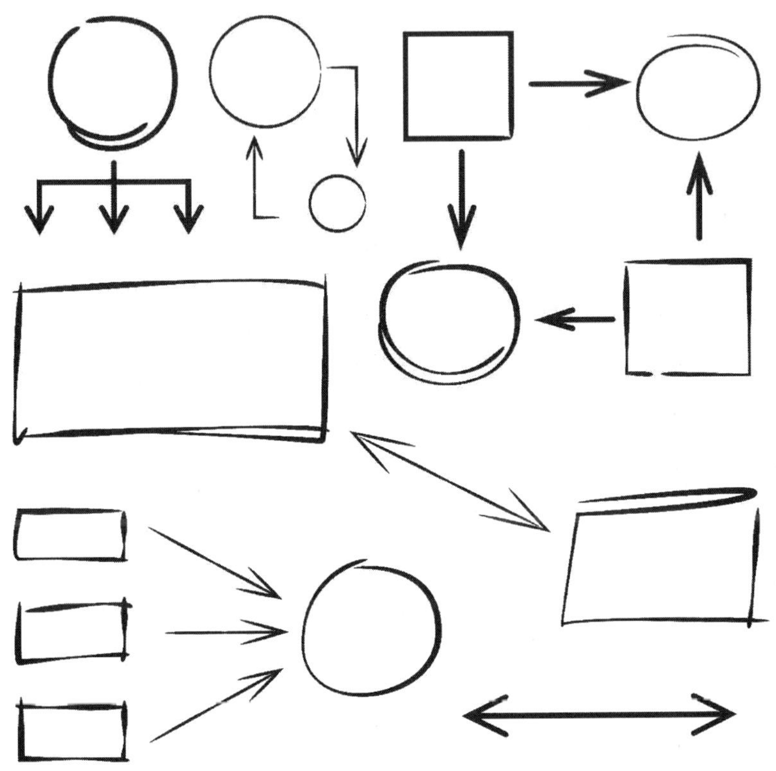

3 Schritte zur deduktiven Kategorienanwendung:

1. **Definition der Kategorien:** Hierfür hilft die bereits erwähnte Tabelle für die Hauptkategorien und gegebenenfalls eine Mindmap für Unterkategorien. Hierbei kann es unter Umständen hilfreich sein, bereits Begriffe festzulegen, die immer in eine der Kategorien eingeordnet werden können.

Sobald also der Begriff „Mann“ oder der Begriff „Frau“ fällt, können wir diesen der Kategorie „biologisches Geschlecht“ zuordnen.

2. **Anker setzen:** Der sinnbildliche Anker soll Ihrer Analyse im übertragenen Sinne den Halt geben, den ein realer Anker einem Schiff verleiht. Das sogenannte Ankerbeispiel steht dann stellvertretend für die gesamte Kategorie. Dafür eignet sich in der Regel ein direktes Zitat besonders gut, vor allem, wenn die Textgrundlage Interviews oder Transkripte von gesprochenen Beiträgen umfasst.

Nehmen wir hierzu das Beispiel der Marktforschung wieder kurz auf. Wenn das Ergebnis der Interviews nahelegt, dass der getestete Keks zu trocken ist, sollte dies im Bericht unter der Kategorie Konsistenz vermerkt werden. Einen Anker kann man hierbei mit einem direkten Zitat aus einem der Interviews setzen, das sinnbildlich für unsere Erkenntnis steht.

Sagte also zum Beispiel eine Probandin, „Der Keks ist staubtrocken, ich habe erst einmal nur Staub und Krümel im Mund, bevor ich die Schokolade schmecke“, ist dies ein griffiger Satz, der die Erkenntnis in der Kategorie Konsistenz gut auf den Punkt bringt. Es muss jedoch unbedingt angegeben werden, woher das Anker-Zitat stammt. Bei anonymisierten Marktforschungs-Interviews kann man statt eines Namens zum Beispiel eine ID-Nummer angeben. Im weiteren Verlauf der Analyse sollten Sie wieder dazu übergehen, die Wortbeiträge zu paraphrasieren, das Anker-Zitat dient nur als schlagkräftige Einleitung und auch als Orientierung für Sie selbst. Achten Sie darauf, dass Sie aussagekräftige Zitate verwenden. Die Aussage „War ein bisschen trocken“ wäre in diesem Fall kein guter Anker, da die Aussage keinen wirklichen Pfiff hat und wahrscheinlich in dieser oder einer ähnlichen Form x-fach im Textkorpus auftaucht.

3. → **Feste Regeln der Zuordnung**: Manche Aussagen, Textpassagen oder Inhalte lassen sich nicht einwandfrei einer Kategorie zuordnen. Wegen einer einzelnen Passage oder einer einzelnen Aussage eine neue Kategorie zu eröffnen, muss aber nicht immer sinnvoll sein. Daher sollte es feste Regeln im Umgang mit nicht eindeutigem Material geben. Die Regel können Sie dabei selbst festlegen und im besten Fall an einer Stelle in Ihrer Ausarbeitung erklären.

Eine Möglichkeit ist es zum Beispiel, die Aussage für die Kernanalyse auszulassen, sie dafür aber im Anhang zu zitieren oder ein kleines Kapitel einzufügen, bei welchem die nicht ins Kategoriensystem passenden Textteile kurz besprochen werden. Grundsätzlich gilt hier: Es gibt kein Richtig oder Falsch, es kommt nur auf die Begründung an. Solange Sie eine feste Regel haben, sind Sie auf der sicheren Seite.

(Mayring, Qualitative Inhaltsanalyse, 2010a)

Anhand des aufgezeigten Schemas können Sie sich nun hoffentlich gut vorstellen, wie Sie Ihre Inhaltsanalyse strukturieren und welche Vorgehensweise Sie idealerweise beachten. Da wir uns im Bereich der qualitativen Forschung bewegen, dürfen Sie die Schemata und Ablaufskizzen, die auch hier im Buch beschrieben werden, niemals zu starr interpretieren. Es gibt immer einen gewissen Spielraum und je nach Gegenstand der Analyse kann sich Ihr Text von anderen in mancherlei Hinsicht unterscheiden und trotzdem nach den Regeln der Inhaltsanalyse spielen.

Behalten Sie das Schema also im Hinterkopf, klammern Sie sich jedoch nicht zu fest daran, sondern lassen Sie im Zweifelsfall ein wenig Flexibilität zu. Oftmals ist eine gute Begründung, warum man in einzelnen Fällen vom „Schema F“ abgewichen ist, besser als eine sklavische Befolgung eines Ablaufplans, der jedoch nicht perfekt zum untersuchten Textkorpus passt. Denn auch in der Wissenschaft und deren Methoden gilt: Selbstständiges Denken und Reflektieren ist das A und O!

Information/ Exkurs:

Deduktives und Induktives Schließen

Im vorausgegangenen Absatz wird zwischen induktivem und deduktivem Schließen unterschieden. Falls die Begriffe in Ihrem Studium noch nicht aufgekommen sein sollten, hier eine kurze Erklärung:

Bei einem **induktiven** Schluss oder einer induktiven Argumentation schließt man von einer spezifischen Beobachtung auf eine allgemeine Tatsache. Ich beobachte also zum Beispiel Kühe und stelle fest, dass die beobachteten Tiere ausschließlich pflanzliche Nahrung zu sich nehmen. Daraus schließe ich, dass Kühe grundsätzlich nur pflanzliche Nahrung fressen, auch wenn ich selbst nicht alle Kühe, die es auf der Welt gibt, beobachtet habe.

Beim **deduktiven** Denken ist es genau umgekehrt, ich gehe von einer allgemeinen Aussage aus und versuche, diese empirisch (durch Beobachtung, Erfahrung, Experimente etc.) zu belegen. Ich gehe also von der Prämisse aus, dass Kühe Pflanzenfresser sind, und beobachte anschließend eine bestimmte Anzahl von Kühen, um diese Vermutung zu bestätigen (oder zu widerlegen).

Die qualitative Inhaltsanalyse

„Das Wesen der Dinge hat die Angewohnheit
sich zu verbergen." (Heraklit)

Sie wissen jetzt, nach welchem Schema Sie an eine Inhaltsanalyse herangehen, also wie die grundsätzliche Vorgehensweise ist. Dies ist zunächst die Grundlage Ihrer Arbeit – in diesem Kapitel steigen wir jedoch noch ein wenig tiefer in die qualitative Inhaltsanalyse ein.

Vielleicht fragen Sie sich nun, wozu wir uns die Zielsetzung und Aufgaben der Inhaltsanalyse en détail anschauen – reicht es nicht aus, zu wissen, wie man die Analyse durchführt? Die Antwort lautet: nicht ganz. Schließlich ist es für die korrekte Ausführung und Anwendung einer Methode unerlässlich, den Sinn dessen zu verstehen, was man gerade tut – erst recht in der Wissenschaft. Zwar können Sie die berühmte Formel Einsteins zur speziellen Relativitätstheorie $e= m*c^2$ natürlich auswendig lernen, doch wenn Sie nicht wissen, was Sie mit dieser Formel eigentlich aussagen und warum Sie diese anwenden sollen, kommen Sie mit der Formel keinen Schritt weiter. Lassen Sie uns also gemeinsam betrachten, mit welchem Ziel und aufgrund welcher Aufgabenstellung wir die qualitative Inhaltsanalyse praktisch anwenden.

ZIELSETZUNG

Welche konkreten Ziele verfolgen wir, wenn wir eine Inhaltsanalyse durchexerzieren?

Die qualitative Inhaltsanalyse sieht sich selbst in der Tradition der **Hermeneutik**, es geht also vermehrt um den Ansatz des *Verstehens* und weniger des *Erklärens*.

Wir versuchen mit den Mitteln der Inhaltsanalyse in erster Linie, Sinnzusammenhänge offenzulegen. Jeder Text hat eine bestimmte Struktur, der Autor versucht, mit seinem Publikum über den Text zu kommunizieren, indem er Thesen aufstellt, Argumente ausführt oder durch eine pointierte Stilistik auf bestimmte Sachverhalte aufmerksam machen will, die in seinen Augen zu wenig Öffentlichkeit erfahren. Doch jeder Text geht dabei ein wenig anders vor.

Argumentationen verstehen

Sie kennen sicherlich bereits klassische wissenschaftliche Texte, die sich äußerst nüchtern und sachlich mit ihrem Forschungsgegenstand auseinandersetzen, ohne dabei stilistisch besonders ausgefeilt zu sein. Es wird keine Spannung erzeugt und auch Elemente wie etwa das *Story Telling* bleiben weitestgehend außen vor. Bei diesen Texten geht es ausschließlich um die Vermittlung von Informationen. Auch diese Informationen müssen wir als Leser erst einmal verarbeiten und verstehen, auch dazu ist die Inhaltsanalyse gut geeignet. Durch die Schritte der Reduktion und der Zusammenfassung beziehungsweise Paraphrasierung kommen wir dabei der Kernaussage des Textes und der Argumentationsstruktur, welche diese Aussage unterfüttern soll, sehr nah. Durch die Kategorienbildung können wir zudem die verschiedenen Richtungen, aus denen argumentiert wird, und die verschiedenen Theorien, die hierzu herangezogen werden, besser einordnen.

Doch der wissenschaftliche Text hat einen klaren Vorteil – er will tatsächlich analysiert und verstanden werden, er lädt uns geradezu dazu ein, ihn einer qualitativen Inhaltsanalyse zu unterziehen. Auch wenn wissenschaftliche Texte manchmal schwierig zu verstehen sind und beim ersten Lesen beinahe schon abgehoben erscheinen können, sind sie doch darauf ausgelegt, verstanden und diskutiert zu werden. Wir haben es also nicht etwa mit Texten von Kafka zu tun, die Theodor W. Adorno einst so treffend beschrieb: „Jeder Satz spricht: deute mich; und keiner will es dulden" (Adorno, 1953), sondern die Deutung ist hier durchaus intendiert.

Schwieriger ist dies bei fiktionalen Texten, zum Beispiel bei Romanen, wie wir zu einem späteren Zeitpunkt noch sehen werden, aber auch bei Zeitungsartikeln und -berichten, Kommentaren, Beiträgen in sozialen Netzwerken und ähnlichen „Standard"-Texten, die zumindest in der Sozialforschung häufig analysiert werden. Hier kann eine Argumentation nämlich durchaus subtiler sein.

Nehmen wir an, wir setzen uns mit einem Zeitungsartikel auseinander, in dem Bundeskanzler Olaf Scholz für seine „zögerliche Haltung"[3] bei Waffenexporten in die Ukraine kritisiert wird. Zunächst wird uns diese Kritik offen vorgetragen, wir können hier bereits eine Kernaussage paraphrasieren und sicherlich die groben Argumentationsstrukturen zusammenfassen.

[3] Beispiel ist fiktional.

Jedoch schwingt in derartigen Texten meist noch eine Implikation oder eine nicht auf den ersten Blick offensichtliche Argumentationslinie mit. Je nach Kontext könnte es in diesem Beispiel zwei Konsequenzen aus der Kritik an einer „zögerlichen Haltung“ geben. Entweder würde der fiktive Autor dieses Artikels Scholz kritisieren, weil er der Meinung ist, man müsse schneller handeln, also möglichst rasch Waffen an die Ukraine liefern, oder aber er ist der Auffassung, dass man generell keine Waffen liefern sollte, und kritisiert, dass es von Seiten der Regierung und des Kanzlers überhaupt erwogen wird. Solche Schlussfolgerungen ergeben sich zwar häufig aus dem Kontext des Artikels, werden aber nicht immer unbedingt direkt genannt.

Mit der qualitativen Inhaltsanalyse gelingt es uns, diese Strukturen des Textes offenzulegen und so zu diskutieren, wir tauchen tief in den Text ein und müssen an dieser Stelle auch nicht davor zurückschrecken, eine Interpretation vorzunehmen, solange diese gut begründet ist.

Den Text zugänglich machen

Unser Ziel bei der Durchführung der qualitativen Inhaltsanalyse ist es stets, den Text so weit zugänglich zu machen, dass er keine großen Unklarheiten mehr für die Lesenden bereithält. Wir als Analytiker müssen den Text ohnehin durchdrungen haben und quasi alle uns offenen Fragen an den Text gestellt haben, bis dieser uns die Antwort liefert. Doch im Gegensatz zu anderen Analysemethoden, die in der Wissenschaft zur Exegese von Texten angewandt werden, ist die qualitative Inhaltsanalyse dabei äußerst strukturiert und klar in ihrem Vorgehen.

Auch ein Text-„Fremder“, der zuvor noch nie mit dem Text oder mit dessen Thema konfrontiert war, sollte dennoch in der Lage sein, die Analyse in ihren Grundzügen nachzuvollziehen. Wir versuchen uns also quasi als Übersetzer, die den wesentlichen Inhalt unseres Untersuchungsgegenstandes nicht nur selbst durchdringen, sondern auch verständlich aufarbeiten. Somit liefert uns die qualitative Inhaltsanalyse auch wesentliche Vorteile im Bereich der (Wissenschafts-) Kommunikation. An späterer Stelle werden wir uns in diesem Buch auch noch mit der Präsentation von Ergebnissen befassen. Letztlich haben wir aber alle, spätestens während der Covid-Pandemie, gelernt, wie wichtig eine gute Wissenschaftskommunikation sein kann, die auch eine gewisse Masse an Leuten erreicht, die nicht Teil eines kleinen Kreises von Experten sind. Sicherlich war die Pandemie eine Ausnahmesituation, die aber sinnbildlich verdeutlicht, dass eine verständliche Wissenschaft ein wichtiger Schlüssel zum breiten Verständnis komplexer Sachverhalte sein kann.

Information / Exkurs:

Der Unterschied zwischen Erklären und Verstehen.

In den meisten wissenschaftlichen Disziplinen werden die Begriffe *erklären* und *verstehen* relativ häufig gebraucht. Der Unterschied ist dabei die Intention dieser beiden Ansätze.

Erklären

Naturwissenschaften streben meist nach einer Erklärung für ein beobachtetes Phänomen. Zum Beispiel: Warum landet ein Kugelschreiber auf dem Boden, wenn er vom Tisch fällt, und bleibt nicht etwa in der Luft stehen? Die Erklärung bietet in dem Fall das Gesetz der Erdanziehungskraft, die dafür sorgt, dass Objekte auf dem Boden bleiben, wenn sie nicht mit einer Kraftanstrengung, wie zum Beispiel einem Sprung oder einem Wurf, für einen kurzen Moment gegen die Gravitation ankämpfen. Ist der Energieimpuls des Sprungs vorbei, greift die Gravitation wieder und alles landet auf dem Boden. Dies ist eine einwandfreie wissenschaftliche *Erklärung*. Es geht hier aber nicht etwa um das *Verstehen*. Im klassischen Sinne können wir die Erdanziehungskraft nicht verstehen – wir können nur erklären, warum es sie gibt und wie sie wirkt. Es geht also bei der Erklärung meist um das Prinzip von Ursache und Wirkung und dementsprechende Zusammenhänge.

Verstehen

Verstehen bedeutet im sozialwissenschaftlichen Kontext meist, dass wir die Beweggründe oder die Auswirkungen von menschlichem Handeln, gesellschaftlichen Strukturen etc. *verstehen*. Die Psychoanalyse möchte verstehen, warum ein Patient einen bestimmten Sexualfetisch entwickelt hat oder sich unfähig fühlt, in einen vollen Zug oder in einen beengten Fahrstuhl zu steigen. Die Soziologie versucht derweil, zu verstehen, wie sich bestimmte Sozialstrukturen in unserer Gesellschaft herausgebildet haben, welche Bedeutung zum Beispiel Migration oder digitale Medien für unsere Gesellschaft haben und wie diese sich dadurch wandelt. Die Literaturwissenschaft versucht, zu verstehen, was Goethe wohl intendiert hatte, als er „Die Leiden des jungen Werther“ schrieb, oder welche Handlungen und Erzählweisen einen Roman „kafkaesk“ erscheinen lassen. Für diese Aspekte gibt es wiederum keine klassische Erklärung getreu dem Prinzip Ursache und Wirkung, sondern der Einzelfall und die Interpretation des Beobachteten sind entscheidend.

Unsere Aufgaben als Inhaltsanalytiker

Die wichtigsten Funktionen der qualitativen Inhaltsanalyse und die Herausforderungen, denen wir uns als Analytiker dadurch stellen müssen, sind:

- **Strukturiert vorgehen:** Das im ersten Kapitel ausführlich besprochene Ablauf-Schema ist essentiell und sollte daher befolgt werden, auch wenn die Abfolge nicht unbedingt als statisch betrachtet werden muss. Kleinere Abweichungen und Ergänzungen oder auch Auslassungen können jederzeit vorgenommen werden, wenn sie begründet sind. Jedoch darf niemals gänzlich unstrukturiert oder ohne Schema vorgegangen werden. Denken Sie immer daran: Die Struktur ist die große Stärke der qualitativen Inhaltsanalyse im Vergleich zu anderen textanalytischen Methoden.
- **Texte verstehen:** Wenn wir eine qualitative Inhaltsanalyse durchführen, muss es unser Anspruch sein, den Text in seiner Gesamtheit zu verstehen. Über den grundlegenden Aufbau des Textes hinaus müssen wir die Struktur der Argumentation, die Intention und den Tenor des Textes erfassen. Hierbei ist Interpretation als Teil der Analyse nicht verboten, sondern sogar erwünscht. Wichtig ist hierbei jedoch, die Interpretation nachvollziehbar und fundiert zu gestalten.
- **Inhalte verständlich machen:** Zu guter Letzt müssen wir uns klarmachen, dass wir als Wissenschaftler niemals in einem Elfenbeinturm sitzen sollten. Ziel der wissenschaftlichen Arbeit, zu der auch die qualitative Inhaltsanalyse zählt, ist es, sich verständlich zu machen. Es nützt uns also wenig, wenn wir den Text perfekt verstanden und analysiert haben, aufgrund unseres Analyseschemas oder unserer Kategorien aber niemandem verständlich machen können, worüber wir sprechen oder schreiben. Versetzen Sie sich also in die Rolle des Lesers hinein, der mithilfe Ihrer Analyse den bearbeiteten Text verstehen will.

Anwendung in verschiedenen Fachbereichen

„Denn es ist nicht genug,
einen guten Kopf zu haben;
Die Hauptsache ist, ihn richtig anzuwenden.“
(René Descartes)

Hermeneutik

Wir haben uns im vorausgegangenen Kapitel den Unterschied zwischen Erklären und Verstehen vor Augen geführt. Bei der Hermeneutik geht es ganz konkret um das Verstehen, und zwar um methodisch geleitetes Verstehen von Sinnstrukturen. Sie sehen – die Ziele der Hermeneutik stimmen ziemlich genau mit den Zielen der qualitativen Inhaltsanalyse überein. Wir haben es also mit einer hermeneutischen Methode zu tun.

Schließlich geht es auch in der Hermeneutik um Sinnstrukturen, aber auch um Symbole und deren Bedeutungen. Unsere Kommunikation, sei es mündlich oder schriftlich, ist reich an Symbolen, Metaphern oder Redewendungen, deren Bedeutung wir verstehen müssen, um die Sprache zu verstehen. Die Hermeneutik wird daher gelegentlich auch als *Hilfswissenschaft* deklariert, das heißt, sie ist nicht nur eine eigenständige wissenschaftliche Disziplin, sondern ihre Methoden können auch in anderen Wissenschaften angewandt werden, insbesondere in den Sozial- und Geisteswissenschaften.

Der Philosoph Hans Georg Gadamer gilt als einer der bedeutendsten Wissenschaftler auf dem Gebiet der Hermeneutik. Bekannt wurde er vor allem durch sein Werk *Wahrheit und Methode*, welches 1960 veröffentlicht wurde und als Meilenstein des hermeneutischen Wissenschaftsverständnisses gelten kann.

Biographie:

Hans-Georg Gadamer

Gadamer wird im Februar 1900 im hessischen Marburg geboren und stirbt im März 2002 in Heidelberg.

Nach dem Erwerb der allgemeinen Hochschulreife studiert der vielseitig interessierte Sohn eines Pharmazieprofessors Geschichte, Kunstgeschichte, Philosophie und Pädagogik, zunächst an der Universität Breslau, später setzt er das Studium in seiner Geburtsstadt Marburg fort.

Ab 1923 hört Gadamer Vorlesungen von Martin Heidegger und Edmund Husserl und zeigt sich tief beeindruckt vom revolutionären Wissenschaftsverständnis, das insbesondere Heidegger in seinen Vorträgen in den Mittelpunkt rückt. 1929 habilitiert er schließlich bei Heidegger und einem weiteren seiner geistigen Vorbilder, dem Philologen Paul Friedländer, in Philosophie und arbeitet anschließend als Privatdozent an der Uni Marburg.

Zur Zeit des Nationalsozialismus spielt Hans-Georg Gadamer schließlich eine zweifelhafte Rolle, er tritt dem Nationalsozialistischen Lehrerbund bei und unterschreibt 1933 als einer der ersten ein offizielles Bekenntnis deutscher Hochschullehrer zu Adolf Hitler. Dennoch blieb er auch nach dem Ende des Zweiten Weltkrieges und der damit einhergehenden Befreiung Deutschlands von der NS-Herrschaft als Hochschulprofessor aktiv, unter anderem in Leipzig, Frankfurt und Heidelberg.

In Heidelberg, wo er auch sein berühmtestes Werk *Wahrheit und Methode* publiziert, bleibt er bis zu seinem altersbedingten Ausscheiden Professor und stirbt auch schließlich im Alter von 102 Jahren in der baden-württembergischen Stadt, deren Ehrenbürger er noch heute ist
(Gander, 2005).

Gadamer wehrte sich gegen die Vorstellung von Hermeneutik als reine Hilfswissenschaft. Für ihn ist sie ein zentraler Bestandteil nicht nur der Wissenschaft, sondern des Lebens an sich. Für Gadamer ist *Dasein* gleichbedeutend mit Verstehen, wir können also ohne ein Verständnis unserer Umwelt oder der Gesellschaft, in der wir leben, nicht wirklich *sein* (Gadamer, 1960). Übertragen auf die qualitative Inhaltsanalyse kann man also sagen, dass wir ohne ein Verständnis unseres Materials, der uns vorliegenden Texte, kein tieferes Verständnis von unserem Forschungsgegenstand entwickeln können.

Bleiben wir bei einem Beispiel, das wir bereits erörtert haben. Unser Ziel ist es, mithilfe der qualitativen Inhaltsanalyse die Perpetuierung von weiblichen Stereotypen in der Wahlkampfberichterstattung großer Zeitungen zu analysieren. Ohne die Analyse des vorliegenden Materials können wir die Perpetuierung von Stereotypen nicht verstehen. Wir wissen zwar in der Theorie, wie Stereotype funktionieren und wie sie innerhalb der Gesellschaft *weitergegeben* werden, doch ohne das Material können wir nicht *verstehen*, wie der Mechanismus praktisch funktioniert, denn die Zeitungsartikel liefern uns das Anschauungsbeispiel, ohne welches uns die Theorie nur bedingt helfen kann. Ohne das tiefe, inhaltliche Verständnis unseres Materials können wir auch kein Verständnis für das *Vorhandensein* der Stereotype und deren Perpetuierung entwickeln – das Verständnis bestimmt also das Dasein.

Gadamer führt zudem die Vorstellung eines hermeneutischen Prozesses als *unendliches Gespräch* (ebd.) ein. Es kommt zu einem ständigen „Gespräch" zwischen dem Text und seinem Rezipienten, da wir den Text, wenn wir ihn analysieren, immer wieder aufs Neue befragen. Dabei sollten wir als Rezipienten, so Gadamer, stets offen für neue Erkenntnisse sein und unsere bisherigen Überzeugungen oder Ergebnisse unserer Forschung revidieren, wenn wir durch eine erneute Befragung des Textes oder durch das Lesen eines weiteren Textes eine neue, validere Erkenntnis gewinnen können. Somit ist der Abgleich unseres Vorwissens mit dem neuen Wissen nie wirklich zu Ende, der Prozess wiederholt sich stetig, weshalb das Gespräch zwischen Text und Rezipient unendlich wird.

Im Hinblick auf die qualitative Inhaltsanalyse lässt sich also festhalten, dass auch wir zu jedem Zeitpunkt offen für neue Erkenntnisgewinne aus dem Text heraus sein sollten. Ergeben sich aus unserem Material neue Kategorien, sollten wir diese nicht verwerfen oder ignorieren, bloß weil wir uns schon auf ein Kategoriensystem festgelegt haben. Vielmehr sollten wir offen dafür sein, unser Kategoriensystem zu überarbeiten, da es uns die neu gewonnene Erkenntnis nahelegt. In der Praxis kann dieses Gespräch natürlich nicht wirklich unendlich sein, denn irgendwann muss unsere Arbeit abgeschlossen werden. Jedoch sollten Sie Gadamers Idee im Hinterkopf behalten, wenn Sie mit Ihrem Textkorpus und Ihrem Kategoriensystem arbeiten.

Exkurs / Information:

Der Hermeneutische Zirkel

Ein Bild, welches das Verhältnis von Rezipient und Text veranschaulichen kann, ist der sogenannte hermeneutische Zirkel. Wir haben es hier mit einem kreisförmigen Denkprozess zu tun, der ein Verhältnis zwischen Vorverständnis und Textverständnis sowie dem Einzelnen und dem Allgemeinen illustriert. Das Verhältnis von Vorverständnis und Textverständnis haben wir bereits durch das unendliche Gespräch illustriert. Eine weitere wesentliche Annahme der Hermeneutik ist, dass wir vom Einzelnen auf das Gesamte schließen können. Auch diese Annahme erweist sich bei näherer Betrachtung jedoch als zirkulär.

Damit die Regel aufgeht, muss man sich das Einzelne als Teil eines Ganzen vorstellen – nehmen wir ein einfaches Beispiel: Ich beobachte auf einer Reise nach Frankreich, dass die Menschen in den Lokalen dort bereits zum Mittagessen ein Glas Rotwein trinken, was in Deutschland eher unüblich ist. Meine Erkenntnis dürfte also gemäß der Hermeneutik lauten: „Für einen Franzosen ist es üblich, zum Mittagessen Rotwein zu trinken." Diese Aussage ist aber nur dann sinnvoll, wenn ich die wenigen Franzosen, die ich tatsächlich beobachtet habe, als Teil der Gesamtheit, also als Teil aller französischen Bürger ansehe.

Dieser Schluss kann selbstredend auch irreführend sein, wir sprechen von einem Fehlschluss beziehungsweise einer *vorschnellen Verallgemeinerung*. Nehmen wir zunächst einen weiteren zulässigen Schluss, um das Beispiel anschaulicher zu gestalten. Wir stellen folgende Beobachtung auf: *Sokrates war ein Mensch. Sokrates war sterblich, woraus folgt, dass alle Menschen sterblich sind.* Dieser Schluss ist inhaltlich richtig, wenn auch nur auf ein Fallbeispiel gestützt und somit nicht wirklich valide. Dass wir, diesem Muster folgend, schnell in die Irre geführt werden können, zeigt folgendes Beispiel: *Albert Einstein war „hochbegabt" (IQ über 130), Albert Einstein war ein Mensch, alle Menschen sind hochbegabt*. Etliche weitere Beispiele dieser Art könnten angeführt werden. Wir müssen also zwingend darauf achten, dass unser Schluss vom Einzelnen auf die Gesamtheit sinnhaft und beweisbar oder zumindest belegbar bleibt.

In unserem Beispiel wäre die Aussage allerdings korrekt. Die zehn Franzosen, die ich im Lokal beobachte, sind Teil der französischen Bevölkerung, also Teil des Ganzen, ich darf also vom Einzelnen aufs Ganze schließen.

Dies hat aber zur Bedingung, dass ein Teil des Ganzen bereits bekannt ist. In dem Moment, in dem ich vom Einzelnen aufs Ganze schließe, kenne ich ja bereits einen Teil der Gesamtheit, nämlich den Einzelfall. Oder, um bei unserem Beispiel zu bleiben, wenn ich von zehn Franzosen auf die Gesamtheit der Franzosen schließe, kenne ich bereits einen kleinen Teil der Gesamtheit, nämlich die zehn Franzosen, die mit mir im Lokal sitzen. Also ist auch das Verhältnis vom Einzelnen und Ganzen *zirkulär*. Die Unendlichkeit kommt ins Spiel, wenn wir plötzliche Abweichungen von unserer Schlussfolgerung erleben. Wenn wir also zum Beispiel einen Franzosen im Lokal sehen, der lediglich Sprudelwasser zum Mittagessen trinkt, sind wir wieder am Beginn unserer Überlegungen. Der Zirkel kann daher theoretisch *endlos* wiederholt werden, da sich das Vorwissen und unsere damit verknüpften Annahmen durch äußere Einflüsse, Erfahrungen und Erlebnisse ständig verändern können. In der Regel wird der hermeneutische Zirkel somit mehrfach durchlaufen, bevor wir tatsächlich von einer *Erkenntnis* sprechen können.

Ist Ihnen etwas aufgefallen? Diesen Gedanken haben wir in diesem Buch bereits besprochen – nämlich bei der Kategorienbildung. Der Schluss vom Einzelnen aufs Gesamte entspricht der *induktiven Kategorienbildung*. Praktisch gesprochen haben wir uns also mit dem Exkurs in die Hermeneutik unsere wissenschaftliche Bestätigung eingeholt, dass wir induktive Kategorien bilden dürfen.

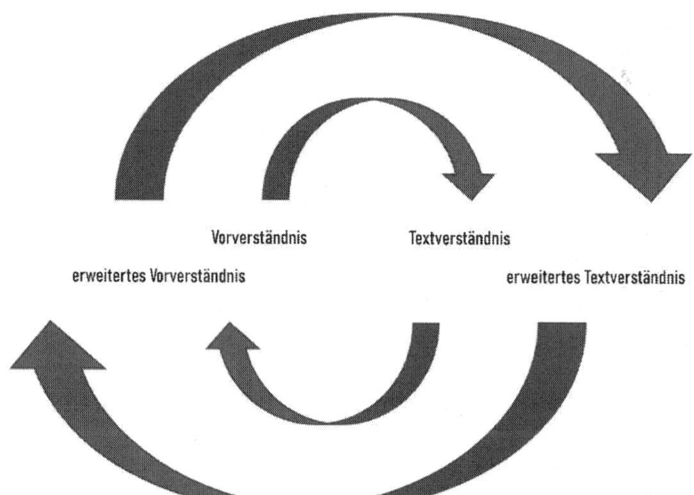

Abschließend lässt sich also sagen, dass die qualitative Inhaltsanalyse eine hermeneutische Methode ist, da sich sowohl die theoretischen Annahmen als auch die praktischen Vorgehensweisen der Hermeneutik in der Methode der Inhaltsanalyse widerspiegeln.

Qualitative Sozialforschung

Wir haben bereits im ersten Kapitel häufiger Beispiele aus dem Bereich der Sozialforschung angebracht. Wir erinnern uns: Die erste praktisch angewandte Inhaltsanalyse hatte die psychosozialen Auswirkungen von Arbeitslosigkeit auf die arbeitslosen Menschen zum Gegenstand. Dies ist ein klassisches Beispiel für Sozialforschung. Auch die Marktforschung haben wir bereits im Rahmen unseres Beispiels der Keksverkostung angerissen. Es ist also bereits deutlich geworden, dass die qualitative Inhaltsanalyse auf dem Feld der qualitativen Sozialforschung eine gewichtige Rolle spielt.

Die Sozialforschung beruht oftmals auf Daten, die entweder durch *Befragung* oder durch *Beobachtung* zustande gekommen sind (Baur & Hering, 2017).

Befragung

Ein klassisches Instrument der Befragung ist das Interview. Im Rahmen eines offenen Interviews können Erkenntnisse gewonnen werden, die hinterher strukturiert und ausgewertet werden. In der Praxis werden Interviews häufig transkribiert, also in Text überführt. Interviews kann man grundsätzlich mit jedem erdenklichen Gesprächspartner führen. Häufig haben wir es jedoch im Rahmen der Sozialforschung mit einer Befragung von *Betroffenen* oder von *Experten* zu tun.

Betroffene wären im Beispiel etwa arbeitslose Menschen, wir könnten uns jedoch auch eine Befragung von alleinerziehenden Müttern vorstellen oder von Studierenden, die während der Covid-19-Pandemie ausschließlich aus ihrem WG-Zimmer heraus studieren mussten und sich daraufhin isoliert fühlten.

Experten wiederum sind Menschen, die aufgrund ihrer beruflichen Stellung, ihrer Ausbildung oder sonstiger Qualifikationen eine besondere Expertise auf ihrem Fachgebiet aufweisen. Wenn wir also die psychosozialen Folgen von Arbeitslosigkeit mit einem Experten besprechen wollen, würden wir in diesem Fall keine arbeitslosen Menschen, sondern einen Psychologen befragen, der bereits mehrere derartige Fälle behandelt hat. Ein anderes Beispiel wäre etwa ein Arzt, der drogenabhängige Menschen während ihres Entzugs begleitet, wenn wir eine Sozialstudie zum Thema *Drogenabhängigkeit* durchführen wollen.

Auch in der Marktforschung, die von den meisten Wissenschaftlern als Teil der Sozialforschung verstanden wird (Behrens, 1966), gibt es diese Unterscheidung.

Wenn ein neues Automodell auf den Markt kommen soll, wird dieses vorher getestet. Man lädt zu dieser Studie auf der einen Seite potenzielle Käufer ein, das heißt Menschen, die ein ähnliches Modell oder sogar das direkte Vorgängermodell fahren, und lässt sie das neue Auto bewerten („Wie gefällt Ihnen das Außendesign/Innendesign?", „Wie praktisch finden Sie die Bedienelemente?" etc.). Diese Menschen sind keine Automobil-Experten, ihre Qualifikation als Befragte ist, dass sie „Betroffene" sind, oder einfacher gesagt: Sie sind Autofahrer. Im Rahmen derselben Studie werden auch Automobil-Experten befragt, also zum Beispiel Mitarbeiter des ADAC, die für die Auswertung von Daten des Automobilmarktes zuständig sind. Auch Händler oder *Residual Value Partner*, das heißt Sachverständige, die den Weiterverkaufswert eines gebrauchten Autos taxieren, können als Experten befragt werden.

Unabhängig von der Art der Befragten bildet das transkribierte Interview die Textgrundlage für die qualitative Inhaltsanalyse. Für das methodische Vorgehen ist es nicht unbedingt relevant, wer befragt wurde, das Ablaufschema der Inhaltsanalyse ist immer das gleiche. Für die Bildung der Kategorien und vor allem für die Interpretation kann es jedoch durchaus relevant sein, wer befragt wurde. Die Aussagen eines Experten sind anders zu gewichten als die Aussagen eines Betroffenen.

Bleiben wir kurz beim Beispiel der Drogenabhängigen. Bei Interviews mit Betroffenen werden Kategorien wie „Eigene Erfahrungen", „Erstkontakt mit Drogen" oder „Beschaffung der Drogen" relevant, wohingegen die Experteninterviews eher Kategorien wie „Psychosoziale Folgen", „Biographie/Prägung" oder „Strukturelle Besonderheiten des Milieus" erfordern.

Sie sehen – die Perspektive hat einen erheblichen Einfluss auf den *Inhalt* der Analyse, nicht auf den *Ablauf*!

Zu einem späteren Zeitpunkt werden wir uns ausführlich mit einem Experteninterview beschäftigen und anhand dessen eine exemplarische Inhaltsanalyse durchführen.

Beobachtung

Eine weitere Methode, um qualitative sozialwissenschaftliche Daten zu erheben, ist die Beobachtung. Wir führen also keine Befragungen durch, *erheben* also keine eigenen Daten, sondern wir gewinnen unsere Daten zum Beispiel aus Aufzeichnungen, Protokollen oder sogenannten Feldnotizen (Meyer & Verl, 2019). Das Feld ist dabei begrifflich stets das Arbeitsfeld, wir gehen also hinaus und treten mit anderen zwecks unserer Forschung in Kontakt. Auch in der erwähnten Marktforschung wird der Zeitraum der Datenerhebung durch Befragung gerne als *Feld* oder *Feldphase* bezeichnet.

Ein klassisches Beispiel liefert uns der Soziologe Thomas Scheffer, der Ende der 1990er Jahre als Beobachter in einer Ausländerbehörde forschte (Scheffer, 1997):
„Die zwei Gesichter, irgendwie ist er das nicht!' Häufiger als sonst wandert der Blick der Sachbearbeiterin zwischen diesem Mann und dem Paß hin und her."

Die Sachbearbeiterin vermutet, dass der aus dem Vietnam stammende Mann, der ihr gegenübersitzt und eine Aufenthaltserlaubnis in Deutschland beantragt, einen gefälschten Pass vorgelegt habe. Sie berät sich im Folgenden mit ihrer Kollegin, denn sicher scheint sie sich auch nicht zu sein. Vielleicht ist es doch der Mann auf dem Passfoto.

„Mal ist sie sich sicher: ‚Das is'a nich, nee also, das is ein anderer!'; mal eher zögerlich: Ach, diese Vietnamesen sehen auch alle gleich aus!' Auch mir hält sie das Photo hin: ‚Gucken Sie doch mal, so als Unbeteiligter!'" (ebd.)
Scheffer selbst wird also als Beobachter in das Geschehen, das er observiert, hineingezogen. Er notiert nicht nur, was eigentlich gesagt wird, sondern versucht auch, die Stimmung der Situation einzufangen: Das Zögern der Sachbearbeiterin, der Austausch der Kolleginnen und die absurde Situation, dass der Antragsteller das Gespräch aufgrund fehlender Sprachkenntnisse nicht nachvollziehen kann.

Hier haben wir es mit einem klassischen Beispiel für Feldnotizen zu tun. Scheffer macht in diesem Textausschnitt deutlich, dass er selbst vor Ort ist, und schildert sein Erleben als Forschender während des Forschungsprozesses, wohingegen ein Interviewer bei einer Befragung nie auf eigene Meinungen oder Ansichten rekurrieren darf. In einem Interview ist es untersagt, einem Befragten zuzustimmen oder zu widersprechen, Sätze wie „Ja, finde ich auch" oder „Wie, Sie finden den Keks zu trocken? Ich finde den super" dürfen in einem Interview niemals fallen. Auch bei einer Beobachtung ist es selbstverständlich wichtig, sich nicht zum Mittelpunkt des Geschehens zu machen, die Rolle des Beobachtenden ist eine passive, jedoch ist er – wie man in dem Beispiel Scheffers sehen kann – stärker in den Forschungsprozess involviert und daher in einer deutlich subjektiveren Position.

Dies ist zunächst unbedenklich, solange der Forschende seine Rolle reflektiert. Auch hier gilt: Der Ablaufplan der qualitativen Inhaltsanalyse ist immer gleich, am Vorgehen ändert sich auch dadurch nichts, dass man selbst die Situation miterlebt hat und faktisch oder gegebenenfalls sogar emotional involviert ist. Jedoch muss bei der Interpretation der inhaltsanalytischen Ergebnisse in jedem Fall auf die Rolle des Forschenden eingegangen werden. Auch bei der Bildung von Kategorien sollten Sie darauf achten, nicht zu sehr durch Ihre eigene Erfahrung geleitet zu werden.

Nehmen wir Scheffers Beispiel: Die Aussage „Ach, diese Vietnamesen sehen auch alle gleich aus" könnte von Ihnen als rassistisch gedeutet werden. Sie tun sich aber praktisch keinen Gefallen, wenn Sie nun eine Kategorie „rassistische Aussagen" in Ihr Analyseschema einbauen. Denn daraus folgt, dass Sie zunächst definieren müssen, was Sie unter Rassismus verstehen und was eine Aussage in Ihren Augen rassistisch erscheinen lässt. Auch werden Sie Schwierigkeiten haben, eine rassistische Intention nachzuweisen, schließlich sind in manchen Milieus oder auch abhängig vom Alter der Personen gewisse Stereotype über Ethnien stärker oder weniger stark verankert. Treten Sie also an dieser Stelle von Ihrer eigenen Einschätzung ein wenig zurück und nennen Sie die Kategorie lieber „Aussagen über die Ethnie/ Nationalität von Betroffenen".

Grundsätzlich gilt: Sowohl die Befragung als auch die Beobachtung sind typische Erhebungsinstrumente in der qualitativen Sozialforschung. Welche Methode Sie wählen, hängt stark vom Gegenstand Ihrer Forschung ab. Sprechen Sie sich vor allem mit Ihrem Betreuer/Professor ab.

Wichtig ist: Behalten Sie den Ablaufplan der qualitativen Inhaltsanalyse auf alle Fälle bei! Gehen Sie strukturiert vor und betrachten Sie den Text, unabhängig von dessen Entstehungsgeschichte, immer als Ihre Analysegrundlage. Denken Sie jedoch bei der Kategorienbildung und bei der Interpretation die Umstände mit, unter denen der Text entstanden ist und die Daten erhoben wurden. Machen Sie diese Reflexion auch in Ihrer Ausarbeitung deutlich!

Kommunikationswissenschaften

Wie eingangs erwähnt, hat die Inhaltsanalyse ihrer Grundüberlegung nach ihren Ursprung in der Kommunikationswissenschaft. Schließlich wird auch in erster Linie Kommunikation untersucht, meist in schriftlicher oder verschriftlichter Form – immer haben wir es jedoch mit einem kommunikativen Akt zu tun, den wir untersuchen. In Anlehnung an Paul Watzlawicks berühmten Satz, *„Man kann nicht nicht kommunizieren"* (Watzlawick, 2016), könnte man genauso gut formulieren: „Man kann keinen Text analysieren, der nicht kommuniziert."

Auch hier können wir festhalten, dass der schematische Ablauf der Analyse nicht anders ist als bei der Sozialforschung, lediglich der Schwerpunkt verändert sich leicht. Geht es bei der Transkription und Auswertung von Marktforschungsinterviews oder bei der Anfertigung von Feldnotizen primär um den Inhalt des Gesagten/Geschriebenen, kann in der Kommunikationsanalyse auch die Art und Weise der Kommunikation zum Untersuchungsgegenstand werden. Wir legen also den Fokus zusätzlich auf Kommunikationsmittel oder -stile.

Nehmen wir das Beispiel von Scheffers Beobachtung in der Ausländerbehörde. In der Sozialforschung würde uns hauptsächlich der Inhalt des Gesprochenen interessieren. Wahrscheinlich würde zudem das Machtverhältnis der Sachbearbeiterin gegenüber dem Antragsteller und eventuell die kommunikative Implikation, die sich daraus ergibt (*von oben nach unten*), untersucht. Jedoch wäre der Fokus hier klar auf der sozialen Position der beiden Akteure, wohingegen wir in der Kommunikationswissenschaft genauer auf den *Sprechakt* selbst schauen würden.

Der Sprechakt wird in der Kommunikations- und auch Sozialwissenschaft als ein sprachlicher Ausdruck definiert, der zielgerichtet ist und eine Handlung impliziert (Searle, 1965).

Wenn eine Mutter zu ihrem Kind also sagt, „Räum dein Zimmer auf", ist dies ein Sprechakt, denn der Satz ist zielgerichtet zum Kind und zielt auf eine Handlung ab, nämlich das Aufräumen des Zimmers. Dasselbe gilt auch für eine Bitte, wenn Sie etwa in einer fremden Stadt jemanden nach einer Zugverbindung fragen: „Können Sie mir sagen, wo die S-Bahn-Linie 1 fährt?" Dieser Akt ist zielgerichtet auf die befragte Person und beinhaltet, zumindest implizit, eine Handlung, nämlich, dass wir gerne die S-1 nehmen würden. Im Vergleich zum ersten Beispiel tritt hier noch ein weiterer Aspekt hervor, nämlich die Bitte um eine Antwort. Wenn Sie hingegen nach einem langen Arbeitstag in Ihrer Wohnung ankommen, die Tasche auf den Boden stellen und nur für sich „Oh Mann, was für ein Tag" sagen, handelt es sich nicht um einen Sprechakt, da diese Äußerung kein Ziel hat und auch keine Handlung erfordert oder erwartet.

Mithilfe der qualitativen Inhaltsanalyse können wir Sprechakte analysieren und stellen dabei insbesondere auf die Verhältnisse und Implikationen ab. Im Beispiel der Ausländerbehörde würden wir also genauer untersuchen, was es eigentlich bedeutet, dass die Sachbearbeiterin an der Identität des Antragstellers zweifelt.

- Welche Aussage wird genau getroffen, wenn sie wiederum einlenkt, die Vietnamesen sähen alle gleich aus?
- Welche Bedeutung hat es, dass hier zwei Kolleginnen miteinander kommunizieren, die über dasselbe Vorwissen verfügen und die sich „auf Augenhöhe" miteinander unterhalten können, während sich der Antragsteller in einer subalternen Position befindet etc.?
- ...

Sie haben es vielleicht bereits bemerkt: Diese Fragen haben vor allem Einfluss auf die Interpretation und die Kategorienbildung. Die Technik der Inhaltsanalyse bleibt gleich, schließlich ist auch der Gegenstand der Betrachtung gleich – nämlich ein Text. Auch bei einem Interview handelt es sich schließlich um viele aneinandergereihte Sprechakte. Nur der Fokus unserer Betrachtung und dadurch eventuell auch die Ausgangshypothese verändern sich durch den kommunikationswissenschaftlichen Blick. Achten Sie also bei der Entwicklung Ihres Kategoriensystems genau darauf, dass Sie die **kommunikativen Aspekte ausreichend beleuchten**. Nehmen Sie zum Beispiel eine Einteilung der verschiedenen Sprecher vor und analysieren Sie die relevanten Aspekte für jeden Akteur einzeln oder führen Sie das Verhältnis der Sprechenden zueinander als eine eigene Kategorie ein.

Literaturwissenschaft

Auch in der Literaturwissenschaft bleibt die große Überraschung aus, denn auch hier ändert sich die Vorgehensweise bei der Durchführung einer qualitativen Inhaltsanalyse nicht. Der Unterschied ist in diesem Fachbereich jedoch, dass wir es hier in aller Regel mit *fiktionalen* Texten zu tun haben. Text ist Text, könnte man vielleicht sagen, doch bei näherer Betrachtung werden Sie zustimmen, dass es einen Unterschied macht, ob der Bundeskanzler etwas sagt oder etwa Gregor Samsa aus Kafkas „*Verwandlung*".

Eine öffentliche Aussage des Bundeskanzlers ist, wie wir gelernt haben, immer als Sprechakt zu begreifen, da er sich explizit oder implizit an die Bevölkerung richtet. Die Aussage des Kanzlers, dass die Menschen in Deutschland Energie einsparen müssten, ist schließlich keine bloße Tatsachenbeschreibung, sondern mit der Aufforderung verbunden, die Bürger mögen doch bitte Energie sparen, so gut es möglich ist. Literarische Figuren hingegen agieren innerhalb des erzählerischen Rahmens, in dem sie auftreten. So können wir einen Dialog zwischen Heinrich Faust und Mephisto als Sprechakt analysieren, müssen uns jedoch dessen bewusst sein, dass der Bezugsrahmen ausschließlich *Faust* ist. Zudem gilt es in der Literaturwissenschaft häufig, die Intention des Autors und den geschichtlichen oder gesellschaftlichen Kontext des Werkes zu analysieren. Auch eine solche Analyse ist mit der qualitativen Inhaltsanalyse möglich. Formulieren wir die These, dass es in Dostojewskis großem Roman *Schuld und Sühne* um Macht und Geld geht. Die handelnden Figuren streben auf ihre Art und Weise allesamt entweder nach dem einen oder nach dem anderen oder gar nach beidem gleichzeitig. Ferner formulieren wir die These, dass Dostojewski ein präziser Beobachter der Gesellschaft war, in der er lebte. Daraus könnten wir schließen, dass die russische Gesellschaft um das Jahr 1866 herum, in den Augen des Autors, vor allem von Macht und Geld besessen war.

Nun gehen wir im zweiten Schritt durch den Roman und suchen Stellen, an denen es um Macht oder um Geld geht[4]. Wir können also zum Beispiel die Textstelle analysieren, in der Raskolnikow die alte Pfandleiherin erschlägt. Er tut dies einerseits, um an Geld zu gelangen, andererseits beschleicht ihn eine seltsame Hybris, er fühlt sich plötzlich mächtiger als andere und dem Rest der Gesellschaft weit überlegen. Wir nehmen also das Textkorpus und

[4] Das Beispiel ist fiktional, in der Praxis müsste hier vermutlich weiter differenziert werden, das heißt, es müssten weitere Kategorien eröffnet werden. Das Beispiel dient der Veranschaulichung.

ordnen ihn in unsere Kategorien ein. Doch vielleicht ist Raskolnikow nur ein Sonderling, einer, der nichts mit der damaligen Gesellschaft zu tun hat. Also handelt es sich eventuell bloß um das Psychogramm eines Irren und nicht um die Abbildung einer Gesellschaft? Hierzu müssen wir weiter in den Text einsteigen und mehrere Passagen betrachten, etwa, wenn Raskolnikow mit seiner Vermieterin spricht oder wenn, abseits der Rahmenhandlung, ein betrunkener Kutscher wie von Sinnen auf sein lahmes Pferd eindrischt.

Wir befragen den Text also gezielt auf unsere Hypothese der Gesellschaftskritik; dazu ist es wichtig, die *Gesellschaft* selbst in das Kategoriensystem einzuführen beziehungsweise zu definieren, was wir unter Gesellschaft beziehungsweise unter der Beobachtung der Gesellschaft verstehen. Ähnlich könnten wir in der bereits angesprochenen Verwandlung mit dem Begriff der *Familie* verfahren oder in Oscar Wildes *Bildnis des Dorian Grey* mit der *Liebe* oder der *Erotik*. Wir behalten also die erlernte Vorgehensweise der qualitativen Inhaltsanalyse bei und beziehen diese auf literarisch-fiktionale Texte. Dabei müssen wir im Hinterkopf behalten und im besten Fall in der Reflexion ausführen, dass wir uns des fiktionalen Charakters der Texte bewusst sind und wir gezielt von der Fiktion auf die Realität abstrahieren.

Betriebswirtschaftslehre (BWL)

Die Betriebswirtschaftslehre wird heute von vielen als eine quantitativ orientierte Wissenschaft wahrgenommen. Und in der Tat geht es in diesem Fachbereich zu großen Teilen um Zahlen und Daten, also um quantitative, numerische Daten. Doch dies ist nicht die einzige Grundlage der BWL, denn hinter den fachspezifischen Rechenmodellen und statistischen Analysen stehen theoretische Überlegungen, die ebenfalls textbasiert sind. Zudem spielen auch im Bereich der Datenerhebungen die qualitativen Methoden in der BWL, wie etwa das Interview, eine Rolle.

Unternehmensdaten entstehen nicht nur durch reine Kalkulation, sondern auch durch Instrumente wie Kunden- oder Verbraucherbefragungen.

Nehmen wir an, ein Chemiekonzern möchte zum Ende eines Geschäftsjahres seine Unternehmensbilanz analysieren. Hierzu werden zunächst klassische Grunddaten, wie etwa

- die Einnahmen durch Verkauf,
- die Einnahmen durch Vermietung/ Verpachtung,
- die Ausgaben für den laufenden Betrieb,
- die Investitionsausgaben,
- usw.

aufgelistet und ausgewertet, was noch klar in den Bereich der statistischen Analyse und weniger der qualitativen Inhaltsanalyse fällt. Doch allein mit dieser Betrachtungsweise ist die Analyse für den betroffenen Chemiekonzern wenig hilfreich, zumindest, was die Zukunftsplanung des Betriebs anbelangt. Zwar kann man mit den Wirtschaftsdaten des Vorjahres eine Bilanz ziehen, jedoch bleibt der Ausblick vage.

Daher gibt es Instrumente wie etwa die Befragung von Endkunden, Zwischenkunden oder Zulieferern. Mithilfe von Interviews können zum Beispiel Geschäftspartner befragt werden (man spricht auch von Business-to-Business-Interviews). Nehmen wir an, ein Automobilhersteller hat in einer großen Menge Farbpigmente für die Lackierung der hergestellten Fahrzeuge bei dem Chemieunternehmen gekauft. Wir befragen also den Kunden nach seiner Zufriedenheit:
Wie zufrieden waren Sie mit der Qualität der gelieferten Pigmente?
Wie zufrieden waren Sie mit unserem Kundenservice?
Wie würden Sie die Perspektiven für eine weitere Zusammenarbeit einschätzen?

Wenn Sie beispielsweise 20 solcher Interviews mit Kunden führen, bietet sich zur Auswertung bereits eine qualitative Inhaltsanalyse an. Neben den Überkategorien, die durch die Fragen determiniert werden – Zufriedenheit / Kundenservice / Perspektiven – können Sie, entsprechend der Antworten, weitere Unterkategorien aufführen und das Textmaterial, in dem Fall die transkribierten Interviews, zuordnen. Auch Befragungen der eigenen Mitarbeiter sind heutzutage nicht mehr unüblich und können in den Bereich der Betriebswirtschaft fallen.

Des Weiteren bietet auch die Betriebswirtschaftslehre die Möglichkeit, qualitativ-theoretisch zu arbeiten. Ein Grundkurs in Ökonomie und wirtschaftlicher Theorie ist an den meisten Hochschulen in Deutschland für das Studienfach vorgesehen. Sie müssen sich also nicht zwangsläufig nur mit der Performance von Unternehmen beschäftigen, sondern können auch Adam Smiths *Wohlstand der Nationen* oder *Das Kapital* von Karl Marx lesen. Wer eine der beiden Lektüren kennt, weiß, dass der Umfang und die Komplexität des Textkorpus geradezu nach einer qualitativen Inhaltsanalyse verlangen. Auch hier haben wir also die Möglichkeit, gezielt unseren Blick auf einzelne Aspekte des Werkes zu richten und diese strukturiert zu analysieren.

Insbesondere bei Marx kann dies interessant sein, schließlich bewegt er sich an einer Schnittstelle verschiedener Wissenschaften, wie etwa der Soziologie, der Ökonomie und der Philosophie. Betrachten wir also die *Kapitalakkumulation* oder den *Fetischcharakter der Ware* (Marx, 2017/1867) nach der marxistischen Theorie, könnten wir bereits eine grundsätzliche Unterteilung in verschiedene Wissenschaftskategorien vornehmen.

Wo ist Marx eher Soziologe, wo ist er eher Ökonom und argumentiert betriebs- oder volkswirtschaftlich?
Wo wird er empirisch, wo bleibt er theoretisch?

Mit all diesen Kategorien, die Sie wiederum in Unterkategorien unterteilen können, welche die Argumentationsstruktur von Marx abbilden, können Sie sich über die qualitative Inhaltsanalyse einem der komplexesten Theoriewerke der Ökonomie annähern und es *verstehen*, ohne jeden der teilweise endlos langen Sätze dreimal lesen zu müssen. Diese Vorgehensweise kann auch auf andere theoretische Literatur aus dem Bereich der Ökonomie angewandt werden, etwa für Keynes, Friedman, Schumpeter und viele weitere berühmte Ökonomen. Insbesondere der Theorieteil der BWL, von vielen mathematisch-pragmatisch veranlagten Studierenden gefürchtet, kann also mithilfe einer strukturiert durchgeführten qualitativen Inhaltsanalyse zugänglich und verständlich gemacht werden.

Gütekriterien

Als Wissenschaftler sind wir bei der Konzeption und Durchführung unserer Forschung an bestimmte Kriterien gebunden, die die wissenschaftliche Qualität unserer Arbeit sicherstellen sollen. Wir sprechen auch von *Gütekriterien*. Hierbei unterscheiden wir in zwei Arten von Gütekriterien, die einen sind allgemeiner Natur und gelten unabhängig vom Thema oder dem Forschungsdesign unserer Untersuchung, die anderen wiederum hängen genau von diesen Faktoren ab und können daher eigenständig definiert werden. Beginnen wir zunächst mit den allgemeinen Gütekriterien:

Allgemeine Gütekriterien

- **Objektivität:** Es ließen sich an dieser Stelle endlos lange wissenschaftliche Diskurse zum Thema der *Objektivität* führen. Ist diese überhaupt möglich? Kann ein Subjekt, also ein Mensch, überhaupt die Perspektive des Objekts einnehmen? In diesen Spezialdiskurs möchten wir an dieser Stelle jedoch nicht einsteigen, da er zu viel Zeit in Anspruch nehmen würde. Unabhängig davon, ob wir tatsächlich eine objektive Betrachtungsweise erreichen können, müssen wir als Forschende zumindest danach streben, uns dieser bestmöglich zu nähern – wir müssen also *so objektiv wie möglich* sein! Dazu reicht es aus, zu wissen, dass wir Menschen sind und als solche Fehler machen können, seien es Logikfehler, falsche Interpretationen oder Auslassungen bestimmter relevanter Sachverhalte. Wenn wir mit diesem Vorwissen an unsere Arbeit herangehen, können wir basale Fehler vermeiden und uns immer wieder selbst kontrollieren. Wir schauen uns quasi selbst über die Schulter und nehmen die Perspektive eines Dritten ein, der unsere Arbeit als Außenstehender beurteilt. Die doppelte Überprüfung ist ein wichtiger Teil unserer wissenschaftlichen Arbeit und hilft uns, unsere Vorurteile, Einstellungen und Werturteile, die wir zwangsläufig in unsere Arbeit einfließen lassen, zu reflektieren und kritisch zu hinterfragen. Eine kritische Auseinandersetzung mit der eigenen Betrachtungsweise wiederum ist die bestmögliche Hinführung zur Objektivität. Überprüfen Sie also sich selbst genau, auch wenn dieser Schritt Zeit kostet, ist er enorm wichtig für die Güte Ihrer Ausarbeitung.

- Reliabilität: Vom englischen Wort *reliable, zuverlässig*, abgeleitet, bedeutet Reliabilität nichts anderes als *Verlässlichkeit*. Die Frage, die wir uns hier stellen, ist:

Wie verlässlich sind die von mir erhobenen Daten und wie verlässlich ist mein Auswertungssystem?

Wir überprüfen also an dieser Stelle nicht mehr das Zustandekommen unseres Systems, sondern wir überprüfen das bereits fertige (im besten Fall objektive) System als solches. Die Frage, die wir uns stellen, ist:

Können wir den Prozess der Datenerhebung und Auswertung auf genau dieselbe Art und Weise ein zweites Mal durchführen, ohne zu anderen Ergebnissen zu gelangen?

Dabei geht es nicht um den Inhalt der Aussagen; wenn Sie zum Beispiel die Interviews zu dem neuen Schokoladenkeks aus unserem früheren Beispiel aufteilen, indem Sie zweimal 100 jeweils verschiedene Personen befragen, werden Sie nicht bei beiden Befragungen exakt dasselbe Ergebnis erhalten. Sie werden aber feststellen, dass der entwickelte Fragebogen und Ihr Auswertungssystem bei beiden Befragungswellen gleichermaßen funktioniert. Daher wäre Ihr System somit *reliabel*.

Ein vereinfachtes Beispiel wäre an dieser Stelle ein Zollstock. Der Zollstock kann als ein überaus reliables Messinstrument angesehen werden, da er immer dieselbe Länge und dieselbe Skalierung hat. Wenn Sie also die Maße Ihres Schreibtisches oder Ihres Wohnzimmers ausmessen, werden Sie bei jeder Messung immer wieder dasselbe Ergebnis erhalten. Prüfen Sie also, ob Ihre Daten und die Art und Weise, sie zu erfassen, dem Gütekriterium der Reliabilität entsprechen. Sollten Sie zum Beispiel feststellen, dass Ihr Kategoriensystem oder Ihre Auswertungsskizze bei dem ersten von zehn untersuchten Zeitungsartikeln passt, beim zweiten Artikel aber nicht, müssen Sie Ihr System entsprechend anpassen, um das Gütekriterium zu erfüllen.

- **Validität:** Zuletzt müssen wir die Güte unserer gesamten Konstruktion noch einmal überprüfen. In der qualitativen Inhaltsanalyse gehen wir, wie wir bereits gelernt haben, theoriegeleitet vor. Wir untersuchen nicht einfach bloß Texte, sondern wir gehen mit einer spezifischen Fragestellung an die Texte heran, die auf einer oder mehreren Theorien basieren.

- Doch ist unsere Theorie die richtige, um unsere Fragestellung zu beantworten, beziehungsweise passt das ausgewählte Textkorpus inhaltlich zu der gewählten Theorie?
- Können wir mit dem Material, das wir verwenden, wirklich eine Antwort oder zumindest Anhaltspunkte für die Beantwortung unserer Forschungsfrage finden oder läuft die Untersuchung unseres Materials letzten Endes ins Leere?
- Haben wir die richtige Methode verwendet?

Wenn wir, wie in unserem Beispiel, die Berichterstattung von großen Tageszeitungen über die Kanzlerkandidatin Baerbock im Vergleich zu der Berichterstattung über männliche Kandidaten untersuchen wollen, können wir eine inhaltsanalytische Betrachtung der Leitartikel in den Zeitungen vornehmen. Interviews zu führen, wäre in diesem Fall die falsche Methode, da die so erhobenen Daten keinen Aufschluss über unsere Forschungsfrage geben. Selbst wenn wir 100 Menschen befragen, können wir immer noch nicht *valide* ausdrücken, wie die Zeitungen tatsächlich berichten. Andersherum wäre es bei unserer Marktforschung über Kekse völlig unangebracht, Theorien zu studieren und daraus ein Ergebnis abzuleiten. Selbst wenn wir die neueste und spannendste Theorie zur Geschmackswahrnehmung des Menschen zitieren, wird uns das keine *valide* Auskunft darüber geben, ob der neue Keks den Menschen schmeckt oder nicht beziehungsweise warum. Forschungsfrage, verwendete Theorien und Methode müssen also immer zusammenpassen. Wir überprüfen unser eigenes Konstrukt und ob es den wissenschaftlichen Gütekriterien entspricht.

Hin und wieder erscheint es kompliziert, die drei Gütekriterien auseinanderzuhalten. Letztlich ist es auch nicht verpflichtend, diese zu trennen. Die Reflexion und Betrachtung Ihrer eigenen Ausarbeitung kann genauso gut in einer ganzheitlichen Betrachtung passieren. Wichtig ist jedoch, dass sie alle drei allgemeinen Gütekriterien im Hinterkopf haben. Eine Faustregel kann zudem helfen, den Unterschied besser zu verstehen:

Objektivität – Reliabilität – Validität kann man sich mit der Formel *Wer? – Wie? – Was?* merken.

Wer?
Bei der Objektivität geht es darum, dass das Ergebnis unabhängig von der messenden Person (wer) ist.

Wie?
Bei der Reliabilität geht es darum, dass das Ergebnis nicht durch die Art der Messung (wie) verfälscht wird.

Was?
Und bei der Validität geht es um das gesamte Untersuchungskonstrukt (was), das wir uns selbst aufgebaut haben.

Wenn Sie diese Gütekriterien für sich geprüft haben, können Sie sich sehr sicher sein, nach einer guten wissenschaftlichen Praxis zu arbeiten und ein funktionierendes System erschaffen zu haben (Mayring & Brunner, Qualitative Inhaltsanalyse, 2006).

Spezielle Gütekriterien

Jede Untersuchung ist anders gelagert, daher ergeben sich aus dem jeweiligen Forschungsdesign unter Umständen weitere Gütekriterien, die zu beachten sind. Sie können diese selbst festlegen, sind also in der Auswahl und der Ausgestaltung wesentlich freier. Denken Sie im Verlauf Ihrer Arbeit stets darüber nach, welche Kriterien in Ihrem spezifischen Fall relevant sein könnten, oder sprechen Sie, wenn es sich um eine Ausarbeitung im universitären/schulischen Kontext handelt, mit Ihrem Professor oder Lehrer.

Allgemein gibt es jedoch auch bei den flexiblen Gütekriterien einige „Klassiker", denen Sie sehr wahrscheinlich begegnen werden. Wenn Sie in den Bereich der empirischen Forschung eintauchen, werden Sie ziemlich sicher auch mit statistischen Methoden konfrontiert. Insbesondere die Sozialwissenschaften arbeiten häufig mit Statistiken, etwa der Arbeitslosenstatistik, der *Sonntagsfrage* – also der Statistik, wie viele Wähler welche Partei wählen würden – oder der Statistik, wie viele Fachkräfte aktuell auf dem Arbeitsmarkt benötigt werden. Sehr wahrscheinlich werden Sie in Ihrer Ausarbeitung dabei einen *Zusammenhang* beziehungsweise eine *Folge* untersuchen. Wir erinnern uns an die Geburtsstunde der qualitativen Inhaltsanalyse, als die psychosozialen Auswirkungen von Arbeitslosigkeit auf arbeitslose Menschen untersucht wurden. Untersucht wird hier also ein Zusammenhang, nämlich der zwischen Arbeitslosigkeit und psychosozialer Verfassung. Impliziert wird dabei eine Folge des einen aus dem anderen. Die psychosoziale Verfasstheit ist also unter anderem Resultat der Arbeitslosigkeit.

Korrelation und Kausalität

Dabei ist es wichtig, den Unterschied zwischen *Korrelation* und *Kausalität* zu verstehen. Eine Korrelation (lateinisch: *correlatio = Wechselbeziehung*) beschreibt zunächst einen wechselseitigen Zusammenhang. Statistisch kann man eine Vielzahl von Zusammenhängen messen, die Frage ist, ob ein Zusammenhang tatsächlich eine *Ursache* präsentiert, also eine Erklärung liefert.

Nehmen wir ein simples Beispiel. Wir untersuchen die Korrelation zwischen den Tagen, an denen es regnet, und den Tagen, an denen Sie spazieren gehen. Wir stellen fest, dass es an Tagen, an denen Sie nicht spazieren gehen, übermäßig oft regnet. Also können wir daraus schließen, dass es häufiger regnet, wenn Sie beschließen, zu Hause zu bleiben; Sie haben also Einfluss auf das Wetter – oder?

Dieses nicht ganz ernst gemeinte Beispiel verdeutlicht den Unterschied zwischen Korrelation und Kausalität (lateinisch: *causa = Ursache, Grund*). Die Korrelation funktioniert in beide Richtungen, die Kausalität ist aber selbstredend umgekehrt: Sie gehen einfach nicht so gerne spazieren, wenn es regnet. Nicht Sie beeinflussen also das Wetter, sondern das Wetter beeinflusst Ihre Entscheidung. In diesem Fall können wir mit gesundem Menschenverstand schnell darauf kommen, wie die Kausalität gelagert ist. In anderen Fällen mag dies schwieriger sein. Daher ist es wichtig, dass Sie Ihre Erkenntnisse reflektieren und diese einem Plausibilitätscheck unterziehen.

Klassische statistische Überprüfungsmechanismen

Auch die Statistik bietet Ihnen einige Möglichkeiten zur Überprüfung der Güte Ihrer Forschung. Insbesondere der Wahrheitsgehalt von Hypothesen, die wir im Rahmen unserer Ausarbeitung aufstellen, kann mithilfe der Statistik angemessen überprüft werden. Wir werden diese hier nur grob besprechen, um nicht zu weit von unserem Kernthema abzuweichen. Es seien nur in Kürze typische statistische Überprüfungskriterien genannt:

- **Signifikanzniveau:** Insbesondere in den Geistes- und Sozialwissenschaften kommt es häufig vor, dass wir eine Hypothese testen müssen. Die Hypothese ergibt sich aus der Forschungsfrage sowie der angewandten Theorie. Wir stellen meist zunächst eine Null-Hypothese auf, die H0 heißt. Diese besagt, dass es keinen Zusammenhang in den von uns untersuchten Daten gibt.

Also zum Beispiel, dass Arbeitslosigkeit *keinen* Einfluss auf die Verfasstheit der Arbeitslosen hat. Im Anschluss testen wir die Hypothese anhand der erhobenen Daten. Das Signifikanzniveau ist das Niveau, ab dem wir davon ausgehen können, dass H0 falsch ist.

Oder einfacher gesagt: Ab einer bestimmten Stärke des Zusammenhangs müssen wir davon ausgehen, dass dieser nicht zufällig besteht. Häufig wird ein Signifikanzniveau von 5 Prozent angegeben, seltener auch von 1 Prozent. In Einzelfällen sind auch 10 Prozent möglich, hier besteht jedoch die Gefahr eines sogenannten Alpha-Fehlers, also eines fälschlicherweise Ablehnens der Nullhypothese.

Tipp:
Bauen Sie ein Signifikanzniveau in Ihre Erhebung ein, wenn Sie mit Befragungsdaten arbeiten, um eine fundierte Aussage über Ihre Hypothese treffen zu können!

• **Varianz:** Wenn wir eine Hypothese aufstellen, haben wir es oftmals mit einem *Erwartungswert* zu tun. Wir gehen also bereits von einem ungefähr geschätzten Ergebnis aus. Die Varianz zeigt uns an, wie stark die tatsächlich gemessenen Werte von dem erwarteten Wert abweichen (variieren).

Nehmen wir ein simples Beispiel: Beim Münzwurf gibt es die Möglichkeit von Kopf oder Zahl. Wenn wir die Münze 100-mal werfen, würden wir davon ausgehen, dass, rein statistisch gesehen, die Münze 50-mal Kopf und 50-mal Zahl zeigt. Wenn das reale Ergebnis aber 54-mal Kopf und 46-mal Zahl ist, haben wir einen gemessenen Wert, der von unserer Erwartung abweicht. An dieser Stelle würden wir mit der Varianz oder der Standardabweichung arbeiten.

Tipp:
In der Praxis wird häufiger die Standardabweichung verwendet. Da diese beiden Maße jedoch zusammenhängen, werden Sie sich auch mit der Varianz beschäftigen müssen.

• **Standardabweichung:** Die Standardabweichung ist die Wurzel aus der Varianz. Auch bei ihr haben wir es mit einem Streuungsmaß zu tun, das heißt, die Streuung von Werten um einen Erwartungswert herum wird gemessen. Sie wird besonders häufig eingesetzt, da sie verhältnismäßig leicht zu berechnen ist und uns relativ präzise Ergebnisse liefert.

Bleiben wir bei dem Beispiel des Spazierengehens. Wir fragen fünf Personen, wie lange sie durchschnittlich pro Woche spazieren gehen. Wir erhalten fünf verschiedene Stundenzahlen, diese teilen wir durch 5, also durch die Anzahl der befragten Personen. Aus dieser Rechnung ergibt sich ein *Mittelwert*, sagen wir in diesem Beispiel drei Stunden . Nun berechnen Sie die Standardabweichung, indem Sie die Summe der quadrierten Abweichungen vom Mittelwert mit der relativen Häufigkeit der Messwerte gewichten. Am Ende wird aus dieser Berechnung die Wurzel gezogen. Diese ergibt die Standardabweichung. Bleiben wir beim Beispiel der Menschen, die zum Thema Spazieren gehen befragt wurden. Eine Person gibt an, dass sie 3 Stunden spazieren geht, eine andere 5 Stunden, die nächste 1 Stunde, die vierte Person geht überhaupt nicht spazieren und die sechste Person spaziert im Schnitt 6 Stunden pro Woche. Die Formel lautet also: Die Standardabweichung beträgt in unserem Beispiel der Befragten zum Thema Spazieren gehen 3,9. Dann wissen wir, dass der Durchschnitt der befragten zwar drei Stunden pro Woche spazieren geht, die Standardabweichung mit fast vier Stunden aber ziemlich hoch ist, das heißt einzelne Personen scheinen wesentlich mehr, andere wesentlich weniger als drei Stunden spazieren zu gehen.

$$\sqrt{\frac{(\mathbf{3}-\mathbf{5})^2+(\mathbf{5}-\mathbf{5})^2+(\mathbf{1}-\mathbf{5})^2+(\mathbf{0}-\mathbf{5})^2+(\mathbf{6}-\mathbf{5})^2}{\mathbf{4}}}$$

Tipp:
Die Standardabweichung hilft Ihnen, sich ein Bild davon zu machen, wie groß die Ausschläge innerhalb Ihrer Stichprobe ist. Wenn Sie das mittlere Vermögen von Jeff Bezos und einem Hartz-IV-Empfänger nehmen, werden Sie zu dem Schluss kommen, dass das mittlere Vermögen sehr hoch ist. Wenn Sie aber die Streuung ebenfalls in Betracht ziehen, merken Sie, dass keineswegs beide Männer vermögend sind, einer von beiden sogar eher arm. Dieses Beispiel ist sicherlich extrem, aber es veranschaulicht, warum es für die Güte unserer Forschung wichtig sein kann, Streuungen zu kontrollieren.

- **Korrelation:** Korrelation beschreibt, wie bereits gelernt, eine wechselseitige Beziehung zwischen zwei Faktoren oder einfacher gesagt: einen Zusammenhang zwischen zwei Faktoren. Die Statistik kennt klassischerweise Zusammenhangsmaße, wie etwa den *Korrelationskoeffizienten*, mit deren Hilfe sich Zusammenhänge statistisch messen lassen. Der Koeffizient zeigt an, wie stark Variablen voneinander abhängen. Ein Koeffizient von null bedeutet hierbei, dass kein Zusammenhang besteht oder zumindest nicht messbar ist.

Sagen wir zum Beispiel zwischen der Lieblingsfarbe und dem Bildungsniveau einer Person. Hier würden wir vermutlich keine Korrelation messen können, wohingegen beim Bildungsniveau und dem Arbeitseinkommen eine stärkere Korrelation bestehen würde.

Tipp:
Wir haben bereits gelernt, dass Korrelationen nicht unbedingt ein Anzeichen für Kausalität sind. Variablen können zusammenhängen, ohne dass sich eine sinnvolle Begründung dafür ableiten ließe. Nehmen wir in unserem Beispiel an, dass auffällig viele Menschen mit einem Realschulabschluss „Blau" als Lieblingsfarbe haben. Dies mag in unserer Stichprobe so sein, doch gibt es keinerlei Anzeichen dafür, dass hier eine *Kausalität* besteht. Seien Sie also wachsam bei der Interpretation Ihrer Berechnungen!

(Kühnel & Krebs, 2012) Alle Stichpunkte nach Kühnel & Krebs

Diese statistischen Verfahren sind vor allem für quantitative Daten relevant, jedoch haben wir gelernt, dass sich die Inhaltsanalyse an der Schnittstelle von quantitativer und qualitativer Forschung bewegt. Außerdem bilden des Öfteren quantitative Daten eine Grundlage oder Orientierungshilfe für die Bildung unserer Hypothesen und Arbeitsthesen. Somit kann es auch bei der Durchführung einer textbasierten qualitativen Inhaltsanalyse notwendig sein, zuvor eine kurze statistische Testung durchzuführen. Bei eigenen Erhebungen sind sie zudem meist notwendig. Schließlich haben Sie, wenn Sie selbst Daten erheben, eine besondere Verantwortung, denn Sie müssen nicht nur die Sinnhaftigkeit und Zulässigkeit Ihrer Interpretation begründen, sondern auch darauf achten, dass Ihre Daten korrekt erhoben wurden und eine valide Interpretation zulassen. Sie sollten also dafür Sorge tragen, dass Ihr gesamtes *Fundament* funktioniert und Ihre Ausarbeitung tragen kann. Wenn Sie Ihre Daten statistisch auswerten, liefert Ihnen dies wichtige Erkenntnisse für Ihre weitere Arbeit und Fehler innerhalb der Messdaten können beim statistischen Testen relativ schnell erkannt und anschließend behoben werden.

Wichtig ist also, dass Sie selbst Gütekriterien definieren, die über die allgemeinen Gütekriterien hinausgehen. Zwar mag dieser Schritt lästig klingen, er ist jedoch in der Praxis unerlässlich. Nur so können Sie sichergehen, dass Ihr Vorgehen richtig ist und dass die Erkenntnisse Ihrer wissenschaftlichen Arbeit tatsächlich stichhaltig sind. Reflektieren Sie zu jeder Zeit Ihren Arbeitsprozess und lassen Sie diese Reflexion auch deutlich werden, indem Sie sie entweder in den Text einbinden oder ein eigenes Kapitel in Ihrer Ausarbeitung der Reflexion widmen. So lassen Sie erkennen, dass Sie sich der Fehleranfälligkeit Ihrer Arbeit bewusst sind und diese mitdenken. Denn auch die Reflexion, gerade der eigenen Arbeit, ist ein wichtiges Gütekriterium der wissenschaftlichen Arbeit.

Bei weiterführendem Interesse siehe unter anderem: Steffen Kühnel/ Dagmar Krebs (2012): Statistik für die Sozialwissenschaften. Grundlagen, Methoden, Anwendungen. Hamburg: Rowohlt.

Möglichkeiten und Grenzen der qualitativen Inhaltsanalyse

„Der Kluge stößt an Grenzen
Der Dumme findet keine.“
(Bernd Thye, Unternehmensberater)

Wie das Zitat bereits andeutet, hat nicht nur jeder Mensch, sondern auch jede Methode Grenzen. Dies gilt sicherlich auch für die qualitative Inhaltsanalyse. Wir haben uns bereits ausführlich über die Stärken und Möglichkeiten der Methode unterhalten, nun sollten wir der Vollständigkeit halber auch auf ihre Grenzen eingehen.

DESIDERATA

Verschiedene Autoren haben immer wieder Kritik an der Inhaltsanalyse geäußert. Ihr „Urvater“ Philipp Mayring und andere Verfechter der qualitativen Inhaltsanalyse haben jedoch stets dagegengehalten und versucht, diese Argumente zu entkräften. Schauen wir uns also die häufigsten Kritikpunkte an der qualitativen Inhaltsanalyse an:

Zu stark quantifizierend

Unter anderem Reichertz kritisiert, dass die qualitative Inhaltsanalyse zwar wie eine qualitative Methode daherkommt, sich allerdings in ihrem Kern doch eher an den quantitativen Ansätzen orientiere. Allein die Untersuchung von Häufigkeiten bestimmter Wörter oder Wortgruppen im Rahmen der Kategorienbildung zeige dies deutlich, zudem würde bei der Methode häufig mit eigens erhobenen Daten gearbeitet, die ebenfalls gruppiert und somit wieder quantifiziert würden. Letzten Endes sei die Bildung von Kategorien und vor allem die Gewichtung von Textpassagen eine Quantifizierung (Reichertz, 2014).

Diese Kritik ist teilweise richtig, muss aber nicht unbedingt als Kritik verstanden werden. Auch Mayring selbst spricht mittlerweile gerne von einer qualitativ *orientierten* Inhaltsanalyse. Somit räumt er ein, dass der quantitative Anteil für seine Methode zu groß ist, um ihn begrifflich zu ignorieren. Dennoch ist klar festzuhalten, dass wir uns im Methodenspektrum noch immer auf einer qualitativen Analyseebene befinden, denn wir werten nicht ausschließlich Daten aus und packen diese in Graphiken, sondern beschäftigen uns ja durchaus inhaltlich tiefgreifend mit dem Text und sind um eine

Interpretation des Materials abseits der reinen Datengrundlage bemüht, was ein klarer Hinweis auf einen qualitativen Analyseansatz ist.

Wir sollten also im Hinterkopf behalten, dass wir es mit einem *Mixed-Methods*-Ansatz zu tun haben, also einer partiellen Kombination aus qualitativer und quantitativer Forschung. Somit kann die qualitative Inhaltsanalyse nicht für sich postulieren, eine rein qualitative Methode zu sein, die keinen Wert auf Quantifizierung legt. Wir können diese „Schwäche" also durchaus als Stärke begreifen und uns die Vorteile beider Ansätze zu eigen machen. Wichtig ist nur, dass Sie um die Verortung der Methode wissen, bevor Sie mit der inhaltlichen Arbeit beginnen.

Quantifizierende Methode ohne abschließende Quantifizierung

Groeben und Rustemeyer merken zudem an, dass der quantifizierende Charakter der Inhaltsanalyse zwar einerseits vorhanden sei, andererseits jedoch keine klare Quantifizierung stattfinde. Die Interpretation sei vermehrt auf Textpassagen gestützt und die Interviews seien auf offene Fragen ausgelegt. Somit verfolge man zwar einen Ansatz der *mixed methods*, sei dafür aber letzten Endes zu unkonkret. Die Autoren werfen der Qualitativen Inhaltsanalyse daher Schwammigkeit vor (Groeben & Rustemeyer, 1995).

Dieses Argument kann jedoch entkräftet werden; schließlich gibt es ein klares Kategoriensystem, das zwar nicht *a priori*, also nicht vor Beginn des Analyseprozesses, jedoch immerhin an dessen Ende, den klaren Rahmen vorgibt. Vorwürfe, die qualitative Inhaltsanalyse würde sich auf dünnem Eis bewegen und einen zu weichen Rahmen vorgeben, sind damit nicht gerechtfertigt. Gerade hier liegt schließlich die Stärke der qualitativen Inhaltsanalyse im Vergleich zu anderen textanalytischen Methoden. Wir haben einen klaren Ablaufplan sowie klare Kategorien, die zwar während des Schreibprozesses verändert werden können, allerdings trotzdem immer als Rahmen erhalten bleiben. Auch die Interpretation befolgt somit feste Regeln und ist keinesfalls der Willkür des Interpretierenden überlassen.

Abänderung der Kategorien

Oevermann schlägt in eine ähnliche Kerbe, wenn er der qualitativen Inhaltsanalyse vorwirft, zu wankelmütig in Bezug auf die eigenen Kategorien zu sein. Er kritisiert unter anderem, dass sich das Kategoriensystem während des Schreibprozesses immer wieder ändern könne. Die Zirkularität der Hermeneutik, die wir ja bereits betrachtet haben, wird von ihm als wunder Punkt der Inhaltsanalyse gedeutet, da keine Eindeutigkeit und somit keine Klarheit im Kategoriensystem herrsche (Oevermann, 2004).

Auch hier könnte man zunächst der Diagnose zustimmen. Sicherlich haben wir kein derart festes Gerüst wie etwa bei einer quantitativen Inhaltsanalyse. Die Änderung von Kategorien während des Schreibprozesses und damit zusammenhängend unter Umständen sogar die Anpassung der eigenen Forschungsfrage oder der verwendeten Theorien mögen wankelmütig erscheinen. Auf der anderen Seite kann erneut ein Gegenargument angeführt werden: Die vorhandene Flexibilität im Rahmen der qualitativen Inhaltsanalyse kann sehr wohl auch als Stärke ausgelegt werden. Schließlich ermöglicht diese Flexibilität ein hohes Maß an Reflexion der eigenen Arbeit schon während des Arbeitsprozesses. Der Vorteil ist hier, dass wir uns nicht in Kategorien „verstricken" können, aus denen wir hinterher nicht mehr ausbrechen können, ohne unser komplettes Gebilde zum Einstürzen zu bringen. Auch hier haben wir es also mit einer vermeintlichen Schwäche der qualitativen Inhaltsanalyse zu tun, die bei gegenteiliger Betrachtung auch als Stärke gelten kann.

Wir haben es also mit einer Methode zu tun, die sich an qualitativen Ansätzen orientiert, aber dennoch einen gewissen quantitativen Ansatz erkennen lässt. Somit könnte man als berechtigte Kritik anführen, dass es sich um keine rein qualitative Methode handelt. Wenn man um diesen Umstand weiß, kann man diesen allerdings reflektieren und entsprechend beachten. Durch die Kombination zweier verschiedener Ansätze besitzt die qualitative Inhaltsanalyse sogar ein besonderes Potenzial, nämlich die Verbindung klarer Strukturen und Abläufe, ohne die inhaltliche Verknappung und Einengung einer rein quantitativen Methode erdulden zu müssen.

Eindeutige Schwachpunkte, die vom Gebrauch der Methode abschrecken könnten, gibt es tatsächlich nicht. Vielmehr ist es, wie bei jeder Methode, eine Frage des Ziels. Welche Ergebnisse will man erzielen und auf welche Art und Weise? Da Sie nun sehr genau wissen, was die qualitative Inhaltsanalyse ist, werden Sie sicherlich einschätzen können, ob die Methode für Ihre Ziele geeignet ist und ob Sie sie verwenden möchten oder nicht.

Techniken und Anwendung erklärt

„Die Techniker haben die Welt nur verändert,
es kommt darauf an, sie zu verstehen."
(Jacques Wirion, luxemburgischer Aphoristiker)

Sie wissen nun bereits einiges über die qualitative Inhaltsanalyse. Sie wissen, wer sie als Methode begründet hat, Sie kennen ihre Stärken und Schwächen und wissen, für welche Arten von Ausarbeitungen man sie anwendet. Sie kennen auch bereits ihre theoretischen Hintergründe und ihren schematischen Ablauf, wobei dieser an den Forschungsgegenstand angepasst werden darf. Rufen wir uns an dieser Stelle das Analyseschema erneut ins Gedächtnis und gehen an dem einen oder anderen Punkt noch ein wenig stärker in die Praxis über. In diesem Kapitel werden Sie vor allem praktische Handlungsanweisungen erhalten, um Ihre qualitative Inhaltsanalyse bestmöglich umzusetzen.

Eine Fragestellung finden und Gegenstandbetrachtung

Bevor Sie mit der eigentlichen Arbeit beginnen können, müssen Sie zunächst eine Fragestellung finden, mit der Sie sich wissenschaftlich auseinandersetzen wollen. Die Formulierung der Forschungsfrage determiniert unsere gesamte Arbeit, daher ist es enorm wichtig, sie inhaltlich präzise zu formulieren.

Regel: Halten Sie Ihre Forschungsfrage niemals zu allgemein!

Wenn Sie eine Forschungsfrage formulieren, müssen Sie diese am Ende Ihrer Ausarbeitung zumindest teilweise beantworten können. Außerdem haben Ausarbeitungen, zumindest im schulischen oder universitären Kontext, oft eine Begrenzung, sollten also eine gewisse Seitenzahl oder Anzahl an Worten nicht überschreiten. Innerhalb dieses Rahmens sollten Sie Ihre Forschungsfrage angemessen untersuchen können.

Nehmen wir ein Negativbeispiel: „Wie berichten Deutschlands Tageszeitungen über Frauen in der Politik?" Diese Fragestellung hat gleich mehrere Fallstricke:

- *Wie* ist in diesem Fall unpräzise. Wie würden wir die Forschungsfrage beantworten? Mit „positiv/ negativ"? Oder geht es um die Aufmachung der Artikel oder darum, ob die Zeitungen mehr Bilder von weiblichen als von männlichen Politikern abdrucken?
- „Deutschlands Tageszeitungen" ist deutlich zu unpräzise. Wenn wir die Frage so formulieren, müssten wir sämtliche Lokalzeitungen Deutschlands einbeziehen. Dies würde aber die Kapazitäten einer Ausarbeitung sprengen.
- „Frauen in der Politik" ist ebenfalls viel zu universal. Von der Stadtkämmerin der Kommune Hintertupfing bis zur ehemaligen Bundeskanzlerin Angela Merkel sind schließlich unzählige Frauen *„in der Politik"*, was auch immer diese Formulierung bedeuten mag. Es müsste also mindestens ein konkreter Bezug zu einem Amt geschaffen oder das Politikfeld eingegrenzt werden, zum Beispiel auf Lokal-, Bundes-, Außen- oder Bildungspolitik.
- Zuletzt fehlt der zeitliche Kontext. Beziehen wir uns auf eine bestimmte Situation, also zum Beispiel einen Wahlkampf, oder gehen wir von der Tagesberichterstattung aus?

Sie sehen, eine solche Forschungsfrage führt Sie letzten Endes zu nichts, denn Sie werden sie niemals sauber bearbeiten, geschweige denn beantworten können. Formulieren Sie also besser:

„Inwiefern werden geschlechtsspezifisch weibliche Stereotype in aktuellen medialen Diskursen auch auf Spitzenpolitikerinnen angewandt?"

Diese Fragestellung ist deutlich präziser und die Antwort kann deutlich konkreter ausfallen. „Inwiefern" beinhaltet die Frage nach einem Ausmaß oder einer Methode und kann mit „insofern, als dass ..." beantwortet werden.

Also zum Beispiel, sehr verkürzt formuliert: „Insofern, als dass die sogenannten Leitmedien in Deutschland häufig weibliche Stereotype in ihrer Berichterstattung einsetzen." Auch wird die zeitliche Dimension geklärt, es handelt sich um *aktuelle* mediale Diskurse, das heißt Berichte, die mehr als circa ein Jahr zurückliegen, spielen keine Rolle. Dies grenzt zusätzlich unseren Rechercheaufwand ein. Zuletzt haben wir hier ein konkretes Subjekt, nämlich *Spitzenpolitikerinnen*. Diese müsste man inhaltlich noch definieren, man käme aber so zu dem Schluss, dass die Stadtverordnete oder die Kommunalpolitikerin aus dem Nachbarort nicht Teil der Betrachtung sein kann.

Nun haben Sie eine Forschungsfrage formuliert. Im nächsten Schritt sollten wir unsere Recherche vorbereiten, schließlich benötigen wir Material, um unsere Frage zu untersuchen.

Tipp:
Unterteilen Sie Ihre Forschungsfrage in die verschiedenen Aspekte, die sie beinhaltet.

In unserem Fall wären das

- Weibliche Stereotype: Was sind Stereotype im Allgemeinen? Wie entstehen Sie, wie werden Sie perpetuiert? Welches sind typisch weibliche Stereotype?
- Mediale Diskurse: Welche Definitionen von Diskursen gibt es und welche der Definitionen verwenden wir und warum? Was ist im Speziellen ein medialer Diskurs und wodurch zeichnet er sich aus?
- Spitzenpolitikerinnen: Wie definiert man einen Spitzenpolitiker, anhand welcher Merkmale grenzt man ihn oder sie von anderen Politikern ab?

Recherchieren Sie jeden der Aspekte zunächst gesondert und stellen Sie anschließend, nach Sichtung des Materials, die Verbindungen zwischen den einzelnen Aspekten her, um eine gute Überleitung der einzelnen Themen zueinanderzufinden. Damit haben Sie den theoretischen Rahmen Ihrer Ausarbeitung bereits gesteckt und können nun tiefer in das Material einsteigen.

Tipp:
Wählen Sie eine Fragestellung aus, die Sie persönlich interessiert! Es bringt in aller Regel nichts, wenn Sie sich durch ein Thema „quälen", weil es Ihr Professor vorgeschlagen hat oder weil es gerade aktuell erscheint. Auch wenn wissenschaftliches Arbeiten oft Fleißarbeit ist, sollte es Ihnen dennoch eine gewisse Freude bereiten. Beachten Sie aber, dass eine emotionale Involviertheit in das Thema zu Verzerrungen in Ihrer Wahrnehmung führen kann! Versuchen Sie also, Themen zu vermeiden, zu denen Sie selbst bereits eine klare und schwer änderbare Meinung haben, da Sie ansonsten unter Umständen nicht mit der notwendigen Objektivität an die Fragestellung herangehen können.

Einführung in das Material

Machen Sie sich mit dem Textkorpus vertraut! Der Text ist bei einer qualitativen Inhaltsanalyse das *A* und *O* im wahrsten Sinne des Wortes, denn Ihre Analyse fängt mit einer Einführung in das Thema der von Ihnen ausgewählten Texte an und endet mit der (teilweisen) Beantwortung der Frage aus dem Textmaterial heraus. Wenn Sie selbst Daten in Textform erheben, zum Beispiel durch das Führen und Transkribieren von Interviews, ist dieser Schritt etwas leichter. Schließlich kennen Sie dann bereits die grobe Richtung der Texte und konnten selbst einen Rahmen vorgeben, indem Sie beispielsweise einen Leitfaden erstellt haben.

Wenn Sie „fremde" Texte analysieren, ist dieser Schritt etwas zeitintensiver, denn Sie müssen sich selbst einen Überblick verschaffen und aus einer großen Fülle an vorhandenen Texten auswählen, welche Sie in Ihre Materialsammlung aufnehmen möchten.

Tipp:
Lesen Sie jeden Text unter der Prämisse Ihrer Fragestellung!

Nicht jeder Text, der sich mit Ihrem Thema befasst, ist auch wirklich relevant für Ihre Ausarbeitung. Vielleicht liefert ein Text keine neuen Erkenntnisse mehr, da genau dieselbe Argumentation bereits in einem anderen von Ihnen untersuchten Text dargelegt wurde. Oder er beschäftigt sich zwar mit Ihrem Thema, bleibt dabei aber selbst unpräzise und lässt sich daher nicht sinnvoll in Ihre Arbeit einordnen. Tun Sie sich selbst den Gefallen und selektieren Sie bei der Auswahl des Textkorpus, ob Ihnen ein Text wirklich bei der Beantwortung Ihrer Frage hilft oder nicht. Manchmal kann es besser sein, die Materialmenge etwas kleiner zu halten, als die Ausarbeitung inhaltlich zu verwässern.

Wichtig ist in jedem Fall, sich inhaltlich tief und präzise mit Ihrem Textmaterial auseinanderzusetzen. Denken Sie schon beim Lesen der Texte in Kategorien und behalten Sie Ihre Fragestellung immer im Hinterkopf. Wird hier im vorliegenden Abschnitt eine Antwort oder ein Anhaltspunkt zur Beantwortung meiner Frage geliefert? Wenn ja, sollten Sie direkt einsteigen, wenn nicht, sollten Sie den Abschnitt gedanklich vorerst streichen. Auch bei selbst erhobenen Daten, wie Interviewaussagen, sollten Sie nicht weniger präzise vorgehen, denn es besteht die Möglichkeit, dass Sie während des Interviews bestimmte Aspekte nicht beachtet haben, deren Relevanz Ihnen erst im Nachhinein deutlich wird. Auch vergessen Menschen erstaunlich schnell, was sie gerade gehört haben, insbesondere wenn nach dem Führen mehrerer Interviews ein Gewöhnungseffekt auftritt. Seien Sie also unabhängig von der Art des Textes stets inhaltlich genau und gehen Sie dabei streng analytisch vor.

Auswahl der Vorgehensweise

Wir haben nun also unsere Fragestellung gefunden und den Textkorpus, also unsere Analysegrundlage, eingegrenzt. Nun geht es darum, die richtige Vorgehensweise zu finden. Wir haben im ersten Kapitel ein Ablaufschema der qualitativen Inhaltsanalyse besprochen, jedoch auch immer wieder darauf hingewiesen, dass wir dank des qualitativen Ansatzes Gestaltungsspielraum haben. Wichtig sind nun folgende Aspekte:

1. Beginnen Sie mit dem Sortieren des Textmaterials. Wenn Sie die Daten selbst erheben, etwa durch Interviews, können Sie bereits vor dem Prozess der Datenerhebung mit einer Strukturierung beginnen, um die Auswertung zu erleichtern. Wählen Sie auch Ihr Textkorpus bereits anhand einer Struktur aus, damit Sie die großen Materialmengen effizient bearbeiten können.

2. Machen Sie sich klar, welche Frage Sie bearbeiten wollen, wenn Sie durch die Texte gehen. Es mag Passagen geben, die Ihnen direkte Anhaltspunkte für Ihre Fragestellung bieten, andere können eventuell indirekt weiterhelfen. Setzen Sie Prioritäten, denn auch innerhalb des von Ihnen ausgewählten Materials gibt es wichtigere und etwas weniger wichtige Texte.

3. Im Anschluss sollten Sie die Kategorienbildung vornehmen. Sie ist das Grundgerüst Ihrer Auswertung und damit der Analyse. Gehen Sie dabei nach dem im ersten Kapitel beschriebenen Schema vor, aber lassen Sie sich nicht einengen. Denken Sie an den hermeneutischen Zirkel, Sie werden Ihr Kategoriensystem immer wieder anpassen müssen.

Unter Umständen kann es sinnvoll sein, sich auf gewisse Anschauungsbeispiele zu beschränken. Nehmen wir noch einmal das uns begleitende Beispiel der Stereotype, die auf Spitzenpolitikerinnen angewendet werden. Es ist durchaus legitim, sofern Sie es gut begründen, nur wenige oder unter Umständen sogar nur ein Beispiel herauszugreifen.

In unserem Fall etwa die Berichterstattung über die Kanzlerkandidatin Annalena Baerbock bei der Bundestagswahl 2021. Allein die Zeitungsberichte zu diesem Beispiel bieten Ihnen sehr wahrscheinlich genügend Material für eine fundierte Analyse.

Regel:
Lieber ein oder zwei Beispiele in all ihrer Tiefe und Ausführlichkeit besprechen, anstatt zu viele Beispiele nur oberflächlich anzutasten. Klasse geht vor Masse!

Induktive Kategorienentwicklung oder deduktive Kategorienentwicklung

Grundsätzlich hängt es von Ihrer Fragestellung ab, ob Sie induktive oder deduktive Kategorien bilden wollen oder können. Passen Sie bei induktiven Schlüssen stets darauf auf, nicht vorschnell zu verallgemeinern. Grundsätzlich gilt: Es ist immer leichter, deduktive Schlüsse zu ziehen, denn wenn die Berichterstattung über Frauen in politischen Spitzenämtern grundsätzlich stereotypisch geprägt ist, ist sie das im Einzelfall Annalena Baerbock sicher auch. Andersherum müsste der Nachweis erbracht werden, indem weitere Fälle betrachtet werden.

Tipp:
Wenn Sie also nicht einen ganz spezifischen Einzelfall in Ihrer Ausarbeitung betrachten, ist die Wahl einer deduktiven Kategorie weniger begründungsbedürftig und daher weniger zeitaufwendig für Sie als Forschender.

Achten Sie bei der Bildung Ihrer Kategorien auf eine ausgewogene Binnendifferenzierung. Nicht jedes Interview, das Sie geführt haben, ist gleich und auch nicht jede Zeitung, aus der Sie Artikel analysieren, ist gleich. Unter Umständen setzen die in unserem Beispiel als eher konservativ geltenden Medien wie *Welt* oder *Bild* vermehrt auf Stereotype, während als progressiv geltende Zeitungen wie *taz* oder *Freitag* dies weniger tun. Sie müssen also innerhalb des Komplexes der Medien noch einmal differenzieren. Auch bei

Interviews sollten Sie zumindest ein Cluster anlegen, in welchem die groben demographischen Daten erfasst werden. Alter, Geschlecht, Familienstand, Berufssituation etc. können je nach Gegenstand der Befragung durchaus eine Auswirkung auf das Antwortverhalten Ihrer Befragten haben.

Praxistipp:
Bei Interviews, zum Beispiel in der Marktforschung, wird häufig nach Geschlecht, Alter und gegebenenfalls ökonomischem Status (Einkommen, Berufssituation) unterschieden. Schauen Sie sich an, welche Aspekte bei Ihrer Auswertung eine Rolle spielen. Wenn Sie zum Beispiel ausschließlich alleinerziehende Mütter interviewen, fällt die Frage nach dem Geschlecht weg, dafür kann etwa die ökonomische Situation umso interessanter werden.

CODIERUNG

Sie haben nun die Fragestellung herausgearbeitet, das Material gesichtet und die Vorgehensweise festgelegt. Inhaltlich und in Bezug auf den zu analysierenden Text sind Sie also ein Experte. Doch der folgende Schritt ist ebenfalls von essenzieller Bedeutung für Ihre Analyse: Sie müssen die Ergebnisse nämlich codieren beziehungsweise ein Schema zur Codierung auswählen. Dieses Schema ist eng verknüpft mit Ihren Kategorien; Sie ordnen die einzelnen Bestandteile des Textes einem Code zu. Dieser Code kann eine vollständige Kategorie abbilden oder aber Teil einer Kategorie sein.

Verdeutlichen wir die Codierung anhand eines Beispiels:
Sie haben Ihre Kategorien gebildet, anhand derer Sie die in den ausgewählten Zeitungsartikeln verwendeten geschlechtsspezifischen Stereotype einordnen und auswerten wollen. Ihre Überkategorie wäre somit „geschlechtsspezifische Stereotype". Es empfiehlt sich bei einer derart basalen Kategorie, Unterkategorien zu eröffnen, zum Beispiel „Frauen sind weniger durchsetzungsstark als Männer", „Frauen sind emotionaler und weniger sachlich", „Frauen nehmen in der Gesellschaft eher die passive/private Rolle ein als Männer" etc.

Anhand Ihrer Unterkategorien bilden Sie nun die entsprechenden Codes. Sie nehmen also einen Artikel aus Ihrem Textkorpus, sagen wir aus der Bild-Zeitung, und ordnen die dort aufgestellten Thesen den Unterkategorien zu.

Wenn also der Bild-Autor schreibt[5], „Fraglich wird es sein, ob sich eine Bundeskanzlerin gegen ihre mächtigen, männlichen Kollegen wie Biden, Erdogan oder Putin behaupten kann“, können wir dies der ersten Unterkategorie zuordnen. Wir bezeichnen die erste Unterkategorie mit einer „1“ und vercoden daher auch die genannte Aussage mit einer „1“. Daraufhin gehen wir in weitere Texte und sehen uns ähnliche Aussagen an, die wir in die erste Kategorie einordnen können.

Tipp:
Es gibt zwei verschiedene Herangehensweisen, wie Sie die Einordnung des Textkorpus in die Kategorien vornehmen können. Entweder nehmen Sie zuerst die Kategorie und „scannen“ alle Texte nach Kommentaren/ Aussagen/ Thesen, die in diese Kategorie fallen, oder Sie gehen zunächst einen Text am Stück durch und gliedern den Text in einzelne Bestandteile, die Sie in Ihre Kategorien einordnen. Die zweite Variante ist in der Regel effizienter, da Sie so jeden Text nur einmal Wort für Wort lesen müssen. Allerdings benötigen Sie für diese Variante bereits ein Schema, welches Sie zumindest grob im Hinterkopf haben, da Sie ansonsten beim Lesen keine entsprechende Zuordnung treffen können. Endgültig ist Ihre erste Zuordnung aber ohnehin nie, denken Sie an den hermeneutischen Zirkel.

Ihre Codes müssen nicht zwangsläufig dem Wortlaut Ihrer Unterkategorie entsprechen. Sie können hier durchaus variieren und innerhalb der Unterkategorien ein Code-System etablieren, das wiederum differenzierter ist. Wichtig ist, dass Sie Ihre Codierung transparent machen, sodass Ihr Prüfer oder auch ein externer Leser verstehen kann, wie Sie vorgegangen sind.

Die Codes erfüllen am Ende zwei Funktionen: Sie helfen Ihnen bei der Interpretation Ihrer Ergebnisse und bei der Überprüfung Ihrer These, da Sie anhand der Codes feststellen können, wie häufig bestimmte Stereotype auftreten. Die Codes haben daher auch einen quantifizierenden Charakter, das heißt, sie machen den Inhalt Ihrer Texte zählbar, was wiederum eine gute Grundlage zur Interpretation darstellt, denn Zahlen sind belastbar und daher eine valide Grundlage eines Interpretationsmusters. Im zweiten Schritt hilft Ihre Codierung Ihnen bei der Binnendifferenzierung Ihrer Thesen.

[5] Dieses Beispiel ist fiktional.

Wenn wir bei unserem Beispiel bleiben, wissen Sie durch Ihre Codes nicht nur, *ob* geschlechtsspezifische Stereotype in der Wahlkampfberichterstattung verwendet werden, sondern auch, welcher der ausgewählten Stereotype *wie häufig* angeführt wird. Auch dies kann für die Interpretation nützlich sein.

Je nach Untersuchungsgegenstand kann es zudem hilfreich sein, zwischen den Quellen zu differenzieren. Sie ordnen also nicht nur einem Stereotyp einen Code zu, sondern auch dem Medium, dem Sie das Stereotyp entnommen haben. Also etwa: A für die Bild-Zeitung, B für die Süddeutsche, C für den SPIEGEL etc. Dies erlaubt Ihnen die zusätzliche Aussage, welche der betrachteten Medien besonders häufig mit (welchem) Stereotyp argumentiert. Dieser weiterführende Aufwand ist allerdings nur notwendig, wenn er einen Beitrag zur Beantwortung Ihrer Forschungsfrage leistet.

Praxistipp:
Vermeiden Sie es, für ein und dieselbe Aussage zwei Codes zu eröffnen, auch wenn Aussagen im Wortlaut anders formuliert sind. Wenn zwei Aussagen denselben Inhalt haben, zählen Sie beide nur in einem Code, ansonsten müssen Sie für jede Aussage, die in einem Ihrer Texte getroffen wird, einen neuen Code eröffnen.

Überprüfung der Kategorien

Auch wenn Ihnen der hermeneutische Zirkel bereits bestens bekannt ist, kommen wir nicht umhin, ihn noch einmal zu erwähnen. Die Kategorien werden sich, wie bereits mehrfach erwähnt, im Prozess der Ausarbeitung verändern. Wichtig ist es auf der anderen Seite auch, dass Sie nicht wegen jeder neuen Erkenntnis oder wegen jedem neuen Gedanken, den Sie haben, von Ihrem System abweichen. Nach der ersten intensiveren Sichtung Ihres Materials sollten Sie zumindest ein grobes Kategoriensystem vor Augen haben, das Sie immer weiter ergänzen und an dem Sie immer weiter feilen können. Bringen Sie jedoch nicht Ihr Grundgerüst ins Wanken, schließlich haben Sie auch Ihr Material mit einem gewissen Plan im Hinterkopf ausgewählt. Achten Sie darauf, dass Sie sich nicht durch einzelne Aussagen von Ihrer Fragestellung abbringen und in die Irre führen lassen. Irgendwann ist auch der hermeneutische Zirkel abgeschlossen und Sie sind am Ende mit Ihrem Kategoriensystem angelangt. Auch wenn der Zirkel theoretisch endlos ist, müssen wir ihn praktisch ab einem gewissen Zeitpunkt schließen.

Praxistipp:
Lassen Sie eine unbeteiligte Person über Ihre Kategorisierung schauen. Im Idealfall einen Kommilitonen oder eine Kommilitonin, die in Ihrem Fachgebiet ebenfalls gewisse Grundkenntnisse hat, aber sich nicht explizit mit Ihrem Thema befasst hat. Wenn bei der entsprechenden Person Fragen aufkommen, die Sie nicht beantworten können, scheint sich ein für Außenstehende schwer verständliches System in Ihre Ausarbeitung eingeschlichen zu haben. Achten Sie darauf, dass Ihre Kategorien nachvollziehbar und überprüfbar sind!

Fertigstellung der Kodierung

Der hermeneutische Zirkel hin oder her – in der Praxis müssen wir früher oder später zu einem Abschluss kommen. Auch wenn man im Reflexionsteil einer Arbeit stets auf weitere Optionen zur Vertiefung und breiteren Ausführung seines Forschungsgegenstandes rekurrieren kann, dürfen Sie sich während Ihrer Ausarbeitung nicht verlieren.

Wenn Sie Ihr Kategoriensystem etabliert und den Textkorpus durchgearbeitet haben, können Sie die Codierung fertigstellen. Am Ende haben Sie schließlich ein Schema, das Sie wie ein Baumdiagramm darstellen können. Über allem thront die Forschungsfrage, aus der sich die Überkategorien und anschließend die Unterkategorien ergeben. Unterhalb der Unterkategorien finden sich schließlich die Codes. Dieses Schema wird in der Auswertungsphase sehr hilfreich sein. Es ist nicht zwingend notwendig, tatsächlich ein plastisches Schema zu erstellen, aber es kann Ihnen ungemein helfen, den Überblick zu behalten und klarer und strukturierter an die Analyse herangehen zu können.

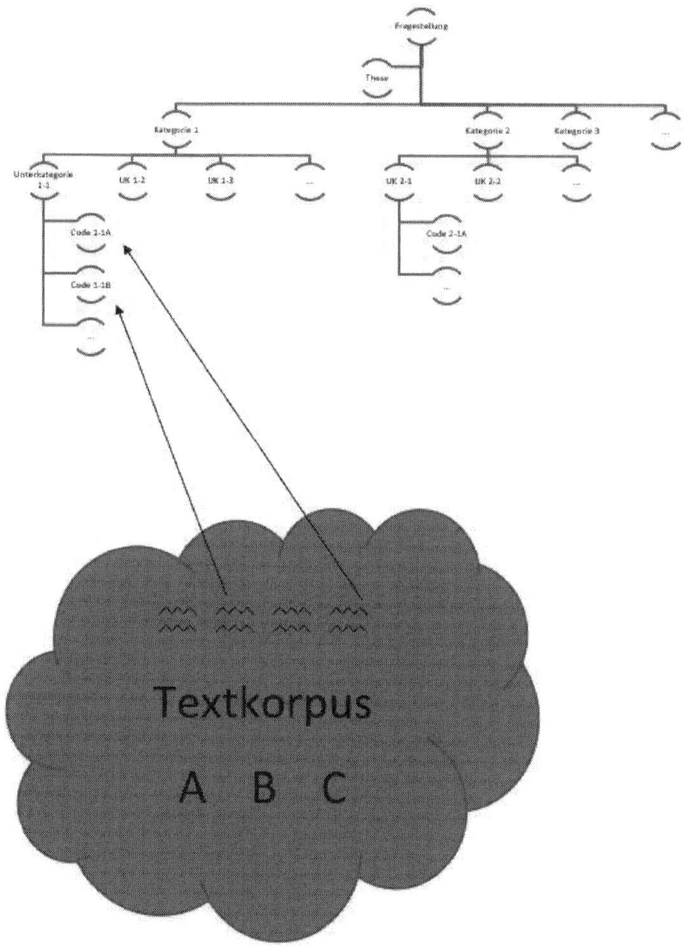
Fragestellung
These
Kategorie 1
Kategorie 2
Kategorie 3
...
Unterkategorie 1-1
UK 1-2
UK 1-3
...
UK 2-1
UK 2-2
...
Code 1-1A
Code 1-1B
...
Code 2-1A
...
Textkorpus
A B C

Reliabilitätsprüfung

Über das Gütekriterium der Reliabilität haben wir bereits gesprochen. An dieser Stelle gilt es, die Reliabilität unseres Kategoriensystems und Codierungs-Schemas praktisch zu prüfen. Doch wie überprüft man diese, ohne das gesamte Schema noch einmal von vorne aufzurollen? Die beste Möglichkeit hierzu ist eine *Stichprobe*. Wir wissen, dass Reliabilität bedeutet, dass Sie ein und dieselbe Untersuchung mit Ihrem Schema mehrfach durchführen können und stets zu demselben Ergebnis kommen.

Gehen Sie daher den umgekehrten Weg und überprüfen Sie beispielhaft einen der von Ihnen gewählten Codes. Da der Code den Namen 1A trägt, wissen Sie, dass es sich um Medium A (in unserem Beispiel die Bild-Zeitung) handelt. Gehen Sie also in die ausgewählten Texte der Bild-Zeitung und interpretieren Sie die dortigen Thesen und Argumente anhand der von Ihnen ausgewählten Codes. Kommen Sie zu demselben Ergebnis wie bei Ihrer ersten Zuordnung? Wenn ja, haben Sie alles richtig gemacht.

Wichtig:
Minimale Abweichungen sind meist unproblematisch. Manche Codes sind nicht immer eindeutig beziehungsweise können gleich mehreren Kategorien zugeordnet werden. Nur wenn Sie grobe Abweichungen feststellen, sollten Sie an der Reliabilität zweifeln.

Eine praktische Möglichkeit zur Prüfung der Reliabilität ist der Check durch Dritte. Im besten Fall haben Sie einen Kommilitonen, der sich Ihr Schema grob anschaut und sich dann zwei oder drei Textpassagen exemplarisch durchliest. Bisweilen fällt Außenstehenden ein Aspekt auf, den Sie übersehen haben. Sollte Ihr Kommilitone Ihren Ansatz jedoch auf Anhieb plausibel finden, ist die Chance hoch, dass dieser reliabel ist, da er – von einem anderen Forschenden durchgeführt – dennoch zu demselben Ergebnis führen würde.

Arbeiten Sie daher zusammen! Im schulischen oder universitären Kontext kann es nie schaden, sich gegenseitig zu unterstützen. Fragen Sie aktiv nach Hilfe, wenn Sie der Meinung sind, diese zu benötigen. Im Gegenzug bieten auch Sie Ihre Hilfe an, sollte Ihr Kommilitone diese benötigen. Mit Zusammenarbeit und gegenseitiger Unterstützung kommen Sie nicht nur bei der qualitativen Inhaltsanalyse, sondern während des gesamten Studiums weiter, als wenn Sie vollkommen auf sich gestellt sind.

Auswertung und Interpretation

Der Kern der Analyse ist die Auswertung beziehungsweise Interpretation Ihrer Ergebnisse. Dieser Teil liefert Ihnen Ihre Erkenntnisse in Bezug auf die Ausgangsfrage und in Bezug auf die von Ihnen formulierten Thesen.

Da wir es mit einer *qualitativen* Inhaltsanalyse zu tun haben, beruht die Auswertung weniger auf statistischen Werten, sondern verstärkt auf Ihrer persönlichen Einschätzung, die allerdings auf Basis der untersuchten Texte und der durchgeführten Analyse erfolgen muss. Erneut unser Beispiel: Wenn Sie die Frage, ob geschlechtsspezifische Stereotype in der Wahlkampfberichterstattung verwendet werden oder nicht, beantworten wollen, ergibt es keinen Sinn, eine numerische Grenze zu ziehen. Sie sollten also nicht mit einem Signifikanzniveau arbeiten, getreu dem Motto: „Wenn in mehr als zwei Drittel der Texte Stereotype bedient werden, ist die Antwort Ja." Dies führt uns nicht weiter, da selbst ein einziger Text, der mit Stereotypen spielt, bereits dazu führt, dass wir unsere Forschungsfrage nicht vollständig mit Nein beantworten können – denn es gibt den vorhandenen Text und er wurde von seinen Lesern rezipiert, somit wurde, zumindest bei diesen Lesern, ein Stereotyp perpetuiert.

Regel:
Grundsätzlich gilt, dass die Antwort auf eine Forschungsfrage, die qualitativ untersucht wird, fast nie *Ja* oder *Nein* lautet. Das Ergebnis ist stets differenziert zu betrachten.

Wir haben eingangs bereits besprochen, dass Fragen, die sich mit *Ja* oder *Nein* beantworten lassen, ohnehin meist kein guter Untersuchungsgegenstand für qualitative Forschung sind, erst recht nicht in sozialwissenschaftlichen Disziplinen, in denen wir abstrakte oder bewegliche Ziele anvisieren, wie etwa die *Gesellschaft*. Das Ergebnis Ihrer Auswertung sollte also differenziert sein und die Nuancen und auch Ambivalenzen des untersuchten Gegenstandes abbilden.

Praktisch würde das Interpretationsschema für das bekannte Beispiel wie folgt aussehen:

- Die Codes werden ausgewertet; jede relevante Aussage/These aus dem Textkorpus wurde dabei einem Code zugewiesen. Nun können wir die Codes zunächst quantitativ zählen.
- Dabei finden wir heraus, dass Code 1A besonders häufig vorkommt. Sie sehen also, dass in der Bild-Zeitung besonders häufig das Stereotyp „Frauen sind weniger durchsetzungsstark als Männer" bedient wird.
- Code 3B zum Beispiel kommt nie vor, das heißt, das Stereotyp, dass Frauen in der privaten/häuslichen und Männer in der öffentlichen Sphäre stattfinden, wird von der Süddeutschen Zeitung kein einziges Mal bedient.
- Jetzt interpretieren Sie dieses Ergebnis. Dazu ist Hintergrundwissen nötig, das Sie sich im Rahmen Ihrer Recherche aneignen mussten. Sie müssen interpretieren, *warum* dieses Ergebnis aus Ihrer Sicht einer inneren Logik folgt und kein Zufallstreffer ist. In diesem Fall wäre eine Begründung (verkürzt gesagt), dass die Bild-Zeitung als konservatives Medium gilt, wohingegen die Süddeutsche gesellschaftspolitisch eher als progressiv orientiert gilt.

Wichtig: Auch für diese These benötigen Sie Belege. Zwar kann diese Aussage als Allgemeinwissen abgetan werden, doch gerade unsere Aufgabe als Forschende ist es, diese Thesen zu belegen und wissenschaftlich zu unterfüttern. Schließlich kann Ihr Ergebnis auch dahingehend ausfallen, dass auch eine vermeintlich progressive Zeitung des Öfteren mit Stereotypen spielt. Begründen Sie daher alle Behauptungen, die Sie aufstellen, mit wissenschaftlichen Quellen!

- Wenn Sie, zum Beispiel durch die Lektüre eines Werks wie *Medienintellektuelle* des Soziologen Axel Schildt, begründet haben, warum Sie die Verortung der von Ihnen untersuchten Medien in dem von Ihnen gewählten Schema vornehmen, gehen Sie zurück zu der Funktion der Stereotype. Warum werden diese eingesetzt? Und ist es nach dem, was unsere Codierung ergeben hat, wahrscheinlich, dass diese Medien die Stereotype bewusst einsetzen? Auch dies ist eine Interpretation, die aber logisch aus dem folgt, was Sie bereits herausgefunden haben. Vergessen Sie nur niemals die Begründung und beziehen Sie sich stets auf die bereits gewonnenen Erkenntnisse.
- Formulieren Sie am Ende der Ausarbeitung ein Fazit. Dieses könnte wie folgt lauten: *Nach der Untersuchung der vorliegenden Texte ist festzustellen, dass geschlechtsspezifisch weibliche Stereotype in der Wahlkampfberichterstattung der fünf auflagenstärksten deutschen Zeitungen regelmäßig verwendet und somit perpetuiert werden. Jedoch gibt es hierbei Unterschiede zwischen den untersuchten Medien sowie Unterschiede in der Häufigkeit der eingesetzten Stereotype.* Im Folgenden müssten Sie diesen Teil wiederum begründen und mit Verweisen auf den Hauptteil Ihrer Ausarbeitung füttern.

Diese Darstellung ist an dieser Stelle selbstredend verkürzt und müsste bei einer tatsächlichen qualitativen Inhaltsanalyse wesentlich detaillierter und nuancierter sein. Jedoch können Sie sich an diesem Ablauf gut orientieren.

Praxistipp:
Vergessen Sie nie den „Schulterblick", das heißt, Sie schauen immer noch einmal zurück auf das bereits Analysierte. Jede Schlussfolgerung, jeder weitere Schritt folgt auf etwas, das Sie bereits an Erkenntnis durch die Analyse gewonnen haben. So können Sie sicher sein, dass Ihre Argumentation logisch ist und aufeinander aufbaut. Bevor Sie also eine These aufstellen, vergewissern Sie sich, dass der von Ihnen bisher geschriebene Text diese These stützt und nachvollziehbar macht.

Schematische Ablaufmodelle der Analyse

Auch in diesem Praxiskapitel haben wir es noch immer mit viel Text zu tun. Dies gehört allerdings dazu, schließlich geht es hier um die Analyse von Texten sowie um die Durchführung qualitativer Forschung. Reduzieren wir an dieser Stelle dennoch das bereits Gelernte auf ein kompaktes Ablaufschema der qualitativen Inhaltsanalyse mit fünf Stichpunkten:

1. **Material auswählen:** Wählen Sie Ihr Textkorpus sorgfältig aus. Die entsprechende Vorbereitung haben Sie bereits getroffen. Recherchieren Sie Ihr Material oder erheben Sie es selbst, indem Sie beispielsweise Interviews führen. Zu Beginn der Analyse steht ein klar definiertes Textkorpus, mit dem Sie arbeiten. Dieser ist als Anhang an die eigentliche Ausarbeitung hinzuzufügen.

2. ⟶ **Richtung der Analyse festsetzen:** Wenn Sie das Material und Ihre Forschungsfrage haben, wissen Sie, in welche Richtung Sie inhaltlich gehen möchten. Machen Sie sich diese Richtung klar und formulieren Sie sie als Arbeitshypothese aus. Mit dieser Hypothese werden Sie im weiteren Verlauf arbeiten; sie ist nicht nur entscheidend für die Kategorienbildung, sondern auch für die Auswertung. Folgende Richtungen können klassischerweise untersucht werden.

a. Der Text an sich: Aussagen und Inhalte des vorliegenden Textes werden analysiert.

b. Der Textproduzent: Hierbei geht es nicht nur darum, *was* geschrieben wird, sondern auch stark darum, *wer* schreibt. Insbesondere in der Literaturwissenschaft ist dieser Aspekt meist von zentraler Bedeutung, da wir nicht bloß den Inhalt des *Prozesses* oder der *Verwandlung* verstehen wollen, sondern uns darüber hinaus vor allem auch dem Autor, zum Beispiel Franz Kafka, nähern wollen. Aber auch bei der Analyse von Bundestagsreden oder bei Experteninterviews kann die Rolle des Textproduzenten zentral sein.

c. Das Objekt des Textes: Um was geht es eigentlich in dem Text? Hierbei ist vor allem die Objektebene interessant, nicht unbedingt das Subjekt. In unserem Beispiel, das sich durch dieses Kapitel zieht, wäre zum Beispiel Annalena Baerbock das Subjekt des Textes, doch sie dient in unserem Fall bloß als Beispiel. Die Frage ist also nicht, um wen es geht, sondern um was es geht, also was der eigentliche Gegenstand des Textes ist, nämlich: Frauen in der Politik – und hiermit verbunden Stereotype über Frauen in der Politik. Verwechseln Sie daher niemals Subjekt und Objekt und halten Sie sich an das Textobjekt, da Subjekte in der Regel exemplarisch und daher austauschbar(er) sind.

d. Die Zielgruppe: An wen ist ein Text adressiert? Handelt es sich um eine Publikation in einer Fachzeitschrift oder um eine Rede vor einem breiten Publikum? Möchte man Akademiker oder bildungsferne Schichten erreichen, möchte man sich an Menschen richten, die die eigene Ansicht teilen, oder zum Beispiel politische Gegner überzeugen? Die Zielgruppe, das heißt der Adressat eines Textes kann je nach Kontext entscheidend für die Analyse sein, insbesondere bei Texten, die sich gezielt an ein ausgewähltes Publikum richten, klassischerweise also Reden und Vorträge.

3. Form auswählen: In welche Form wollen Sie die Inhaltsanalyse praktisch gießen? Wir haben bereits verschiedene Formen kennengelernt. Reduzieren wir sie in diesem Schritt auf drei wesentliche Formen, die eine qualitative Inhaltsanalyse annehmen kann. In der Praxis verschwimmen die Grenzen oftmals, sodass diese Unterteilung lediglich als Übersicht zu verstehen ist:

a. *Zusammenfassende* Inhaltsanalyse: Das Textkorpus wird inhaltlich zusammengefasst und daher mengenmäßig reduziert. Anstatt einer großen Materialmenge haben wir einen deutlich kürzeren Text, der nur noch die Kernaussagen des gesamten Materials zusammenfasst.

b. *Explizierende* Inhaltsanalyse: Bei dieser Variante wird der Inhalt nicht verknappt, sondern ergänzt und damit noch erweitert. Unklare Textstellen werden durch Hinzuziehen von weiterem Material expliziert und somit verständlich gemacht. Lücken im Verstehensprozess werden somit geschlossen.

c. ***Strukturierende* Inhaltsanalyse:** Der Textkorpus wird anhand des Kategoriensystems strukturiert und eingeordnet. Hier sind die vorher festgelegten Kategorien besonders wichtig, da Sie zwingend an Ihr Schema gebunden sind, um eine strukturierte Inhaltsanalyse durchführen zu können.

4. **Ergebnisse interpretieren**: Wie soeben gelernt, steht am Ende unseres Analyseprozesses immer eine Interpretation. Diese ist der wesentliche Bestandteil unserer Analyse, fasst er doch das Ergebnis zusammen und verleiht den erhobenen Daten und dem erstellten Schema einen Inhalt. Wählen Sie eine nachvollziehbare Interpretation und halten Sie sich hierbei stets an das vorgegebene Kategoriensystem.

5. **Gütekriterien beachten:** Wir haben bereits über die Gütekriterien gesprochen, die Ihre wissenschaftliche Ausarbeitung erfüllen sollte. Beachten Sie diese Kriterien schon während des Schreibprozesses, aber überprüfen Sie diese unbedingt am Ende Ihrer Ausarbeitung. Ein Verstoß gegen die Gütekriterien kann zu einer deutlich schlechteren Bewertung führen, seien Sie an dieser Stelle also lieber etwas zu genau als zu nachlässig.

Nach: (Pfeiffer, 2022)

QUALITATIVE INTERPRETATIONSTECHNIKEN

ERGEBNISDARSTELLUNG

Die Darstellung unserer Forschungsergebnisse kann auf verschiedene Arten erfolgen. Dabei ist die Form der Darstellung keineswegs eine Geschmacksfrage, denn sie spiegelt die theoretischen Grundlagen unserer Forschung wider und erfüllt, im Kontext der Wissensvermittlung, eine wichtige Funktion. Bevor wir uns näher mit der inhaltlichen Begründung der Ergebnisdarstellung befassen, sollten wir zunächst zwischen zwei Ansätzen unterscheiden:

- **Konventionelle wissenschaftliche Darstellung:** Bei der konventionellen wissenschaftlichen Darstellung werden vor allem Präzision und inhaltliche Genauigkeit verlangt. Das heißt, Sie präsentieren die von Ihnen erhobenen Daten *en detail*, unterfüttern Ihre Methode und Ihre Kategorien mit entsprechenden wissenschaftlichen Theorien und präsentieren diese auf eine nüchterne und sachliche Art und Weise. Viele Professoren wählen diese Darstellungsform für ihre Vorlesungen, Sie kennen sicherlich die klassischen *Power-Point*-Präsentationen, auf denen Sie eine oder mehrere Graphiken sehen, die dann mit jeweils relativ langen und relativ klein geschriebenen Texten erläutert werden. Insbesondere die Darstellung in Form von Balken- oder Tortendiagrammen ist eine bewährte und konventionelle wissenschaftliche Darstellungsform, insbesondere, wenn es um die Darstellung größerer Datenmengen geht. Mit dieser Darstellungsform machen Sie in keinem Fall etwas falsch. Je nachdem, an welches Publikum Sie sich richten, sollten Sie sich durchaus konventionellen Methoden bedienen, zum Beispiel bei der Präsentation Ihrer Abschlussarbeit für das Studium. Im universitären Kontext geht es abseits der inhaltlichen Dimension oftmals darum, nachzuweisen, dass Sie die Formalitäten des wissenschaftlichen Arbeitens beherrschen. Daher kann es in diesem Kontext hilfreich sein, bei konventionellen Präsentationen zu bleiben.

- **„Schreiben am Limit“:** Der Nachteil der klassischen Darstellungsformen kann sein, dass sie wenig Spannung hervorrufen. Für jemanden, der sich nicht mit Ihrem Thema beschäftigt hat und nicht über ein sehr starkes Grundinteresse verfügt, kann die Besprechung von Diagrammen mit anschließender theoretischer Erläuterung langwierig sein. Wenn Sie also ein nicht-akademisches Publikum adressieren und sich in der Wissenschaftskommunikation für Fachfremde versuchen möchten, können Sie das sogenannte *Schreiben am Limit* ausprobieren. Hierbei geht es stärker um assoziatives Beschreiben und um *Evokation*, also um das Hervorrufen bestimmter Eindrücke. Sie sind hierbei deutlich freier in Form und Stil und können durchaus ein wenig mit der Wortwahl, der Syntax etc. experimentieren. Die Darstellung ähnelt also eher den zuvor bereits betrachteten Feldnotizen, Skizzen oder Protokollen, die ebenfalls auf subjektives Erfahren und auf die Schilderung eines Eindrucks, eines Gefühls abstellen. Diese Form der Ergebnispräsentation ist deutlich spannender und auch für ein nicht-akademisches Publikum gut geeignet, allerdings unkonventionell und läuft Gefahr, nicht mehr wissenschaftlich genug zu sein. Seien Sie also vorsichtig mit dem Einsatz dieser Technik.

Grundsätzlich gilt, dass beide Darstellungsformen legitim sind und ihre Daseinsberechtigung haben. Je nach Inhalt und Adressat können Sie dabei variieren. Während Sie bei der Präsentation Ihrer Bachelor-Thesis sehr wahrscheinlich die erste aufgezeigte Möglichkeit wählen sollten, können Sie insbesondere in den sozialen Medien auf den Kanälen sogenannter Wissenschaftsjournalisten /„Science Blogger" die zweite Darstellungsform erleben. Auch bei Vorträgen oder Kongressen außerhalb des Wissenschaftsbetriebs erleben Sie häufiger die unterhaltsamere Form des *Schreibens am Limit*. Vergewissern Sie sich vorher also über Ihre Zielgruppe und über den Inhalt Ihrer Präsentation.

Gütekriterien der Ergebnispräsentation

Da wir uns im wissenschaftlichen Kontext befinden, gibt es auch für die Ergebnispräsentation Gütekriterien, die beachtet werden müssen, um nicht gegen die gute wissenschaftliche Praxis zu verstoßen. Der Soziologe Clifford Geertz hat hierzu das Konzept der *dichten Beschreibung* entwickelt, das gesellschaftlich geprägte *Sinnstrukturen* analysieren und in aller Tiefe beschreiben soll (Geertz, 1987). Dabei soll der Forschende selbst seine Rolle im Forschungsprozess reflektieren und dabei nicht im Sinne einer naturwissenschaftlichen Beobachtung Erkenntnisse gewinnen, sondern bewusst Vermutungen und Interpretationen anstellen.

Biographie:

Clifford Geertz

Clifford James Geertz wurde 1926 in San Francisco als Sohn eines gleichnamigen Geschäftsmanns und einer Tennisspielerin geboren und starb 2006 in Philadelphia.

Nach seinem High-School-Abschluss kämpfte der US-Amerikaner für die U.S. Navy von 1943 bis 1945 im Zweiten Weltkrieg. Nach seiner Rückkehr studierte er zunächst Anglistik und Philosophie in Ohio, ehe er sich der Anthropologie und Ethnologie zuwandte, den beiden Studienfächern, in denen er schließlich 1956 in Harvard promovierte.

Nach verschiedenen Stationen als Hilfsprofessor wurde er 1964 zum ordentlichen Professor an der Universität Chicago ernannt. Von 1970 bis 2000 lehrte er in einem privatwirtschaftlich organisierten Thinktank, dem *Institute for Advanced Study*, in Princeton.

Seine ethnologischen Forschungen galten zu seiner Zeit als innovativ, da Geertz selbst in die von ihm untersuchten Kulturen eintauchte und so die dichte Beschreibung prägte. Seine wohl berühmtesten Forschungen führte er auf Bali und Java durch, wo er das Ritual des balinesischen Hahnenkampfes als Kulturmerkmal der indonesischen Gesellschaft erforschte (Gottowick, 2004).

Nehmen wir erneut das Beispiel von Thomas Scheffer in der Ausländerbehörde. Scheffer selbst reflektiert nicht nur die Vorgänge in der Behörde, sondern auch seine eigene Rolle als Beobachter. Er beschreibt, dass er sich unwohl fühlt oder dass er das Gefühl habe, nichts zu den Fragen der Sachbearbeiterin beitragen zu können. Diese inhärente Reflexion der eigenen Rolle ist ein wichtiger Teil der dichten Beschreibung.

Wir haben es bei der Auswertung von *dichten Beschreibungen* im Übrigen mit induktiven Schlüssen zu tun, denn aus den einzelnen geschilderten Fällen schließt Scheffer im Rahmen seiner Ausarbeitung auf die Strukturen, die das Auftreten der Einzelfälle erklären können.

Die dichte Beschreibung ist also eine häufig verwendete Methode zur Ergebnisdarstellung. In der Forschungspraxis haben sich insbesondere folgende Aspekte der Ergebnispräsentation bewährt und sollten daher auch Bestandteil Ihrer Präsentation sein.

1. Datenanreicherung: Der von uns erhobene und ausgewertete Datensatz hat an sich bereits eine gewisse Aussagekraft. Allerdings können bloße Daten zu Missverständnissen führen, da insbesondere die Interpretation entscheidend sein kann. Wir dürfen uns also nicht auf die reinen Quantifizierungen stützen, sondern müssen die Daten *mit Leben füllen*. Die sozialen Realitäten oder Phänomene, die mit deren Hilfe beschrieben werden, sollen gegenstandsangemessen dargestellt werden, also mit all ihren Dynamiken, Ambivalenzen und Nuancen. Insbesondere in den Sozial- und Geisteswissenschaften ist der Gegenstand unserer Betrachtung selten eindeutig.

So haben wir es zum Beispiel in der Soziologie mit einem sich ständig verändernden Forschungsgegenstand zu tun, nämlich der *Gesellschaft*. Man spricht auch von einem *moving target*, also einem sich bewegenden Ziel, welches wir als Sozialwissenschaftler anvisieren müssen. Ähnlich verhält es sich etwa in der Literaturwissenschaft; wir können Kafka oder Goethe nicht mehr fragen, wie er denn diese oder jene Textstelle gemeint habe, wir bewegen uns daher immer in einem interpretativen Kontext. Lassen Sie daher die Daten niemals unkommentiert stehen, sondern geben Sie bei der Präsentation die notwendigen Hintergrundinformationen, um diese wirklich zu verstehen. Damit geht auch der nächste Aspekt einher:

2. Kontextorientierung: Die erhobenen Daten müssen in einen *Kontext* gestellt werden. Dies ist ein wesentlicher Teil der Dateninterpretation, der auch in der Präsentation deutlich werden muss. Zu welcher Zeit wurden die Daten erhoben? Wer wurde gefragt und welchen biografischen Hintergrund hatten die Leute? All diese Fragen sind entscheidend für die Interpretation unserer Ergebnisse. Vor allem der zeitliche Kontext spielt eine enorm wichtige Rolle.

Wenn wir vor dem Beginn des Ukraine-Krieges Menschen nach ihrer Meinung zu Russland oder zu Putin befragt hätten, wären sicherlich andere Ergebnisse herausgekommen als bei einer Umfrage *nach* Beginn des Krieges. Wenn Sie die psychosozialen Folgen von Einsamkeit untersuchen wollen, spielt es eine große Rolle, ob Sie zum Beispiel in einer Extremsituation wie dem ersten Lockdown im Kontext der Covid-19-Pandemie oder in einer Zeit vor dem Ausbruch der Pandemie forschen, da die Einsamkeitsdimension bei staatlich reglementierten Kontaktverboten eine andere Dimension hinzugewinnt. Neben dem zeitlichen Kontext ist zudem der Kontext der Fragestellung entscheidend. Es ist ein Unterschied, ob Sie im eben genannten Beispiel fragen, „Fühlen Sie sich häufig einsam *wegen* des Lockdowns?“, oder ob Sie während des Lockdowns allgemein fragen, „Fühlen Sie sich einsam?“. Im letzteren Fall kann es durchaus möglich sein, dass sich der Befragte bereits vor der Pandemie einsam gefühlt hat und sich somit für ihn in dem extremen Kontext dennoch nicht viel verändert hat. Diese Nuancen sind entscheidend und müssen bei jeder Präsentation zumindest aufgegriffen werden, um dem Publikum die genauen Umstände der Datenerhebung transparent aufzuzeigen.

3. (1) **Einzelfallorientierung:** Wir haben bei der Besprechung der statistischen Größen bereits gelernt, dass es unter Umständen Extremfälle innerhalb unserer Stichprobe gibt, die aus der Masse der erhobenen Daten herausstechen, wie etwa in dem vorhin besprochenen Beispiel, wenn plötzlich Jeff Bezos oder Bill Gates in einer Vermögensstatistik auftauchen. Doch nicht nur bei quantitativen Daten kann es zu extremen Einzelfällen kommen, sondern auch zum Beispiel im Rahmen der qualitativen Befragung.

Vielleicht gibt es bei unserer Marktforschung einen Teilnehmer, der als einziger Zitrone beim Probieren des Kekses schmeckt, obwohl keinerlei Zitronat verwendet wurde. Vielleicht gibt es bei der Betrachtung der Wahlkampfberichterstattung eine Zeitung oder sogar bloß einen einzelnen Artikel, der von seinem Tenor her völlig verschieden zu all den anderen ist. Wir als Forschende müssen uns also die Frage stellen, wie wir mit diesen Extremfällen umgehen sollen. Sollen wir sie ignorieren? Schließlich sind es doch bloß Einzelfälle und sie zerstören unter Umständen sogar unsere These. Hier sollten wir uns wiederum an den hermeneutischen Zirkel erinnern. Jede neue Erkenntnis sorgt dafür, dass der Zirkel von Neuem beginnt, und zumindest ansatzweise sollten wir so auch mit den Einzelfällen in unserem Material verfahren. Man muss diese nicht auf eine Stufe mit den vielen anderen Fällen stellen, sondern darf ihre Stellung als *Einzelfälle* durchaus klar benennen. Jedoch sollten sie in der Ergebnispräsentation dennoch auftauchen und nicht einfach als „Ausreißer“ unter den Tisch gekehrt werden. Vielleicht taugt der Extremfall sogar als Aufhänger, um dann anhand dessen die durchschnittlich ermittelten Werte zu besprechen.

4. **Reflexivität:** Über die Reflexion der eigenen Arbeit als notwendigen Schritt bei der Durchführung einer qualitativen Inhaltsanalyse haben wir bereits mehrfach gesprochen. Wichtig ist, dass Sie diese Reflexivität auch in der Präsentation Ihrer Ergebnisse deutlich machen.

Wenn Sie also beispielsweise Ihre Abschlussarbeit vor dem Prüfungsausschuss der Universität vorstellen, ist es zwingend notwendig, den reflexiven Teil der Arbeit deutlich darzulegen. Jede Ausarbeitung hat ihre Schwächen und das ist an sich kein großes Problem, denn die perfekte Forschungsarbeit gibt es genauso wenig wie den perfekten Menschen. Allerdings wird von einem Forschenden verlangt, dass er die Grenzen oder Lücken seiner Ausarbeitung kennt und diese entsprechend einordnen kann. Daher ist der Prozess der Reflexion ein so wichtiger Bestandteil unserer Arbeit. Der Soziologe Klaus Bergmann unterscheidet zwischen drei Ebenen der *Reflexivität* (Bergmann, 2000):

a. Prägung durch den Forscher: Diesen Aspekt hatten wir bereits bei den Gütekriterien besprochen. Da wir niemals vollständige Objektivität erreichen können, müssen wir unseren eigenen *Bias*, also die Verzerrung unserer Wahrnehmung durch bestimmte Umstände, ebenfalls reflektieren. Wenn wir etwa Interviews mit Arbeitslosen führen, kann es eine Rolle spielen, wenn unsere Eltern selbst arbeitslos waren und wir daher eine emotionale Bindung zu dem Thema haben. Dies kann unbewusste Verzerrungen bei den Fragestellungen zur Folge haben. Dies ist ein klassischer *Interviewer Bias*, also eine Verzerrung der Objektivität durch den Interviewer, den wir fast immer mitdenken müssen, wenn wir selbst Befragungen durchführen. Aber auch bei analytischen Methoden kann es zu Verzerrungen kommen. Wenn wir die Leitartikel der großen Zeitungen anhand stereotypischer Berichterstattung über Kandidatinnen analysieren, kann es zum Beispiel einen Unterschied machen, ob ich selbst als Forschende weiblich bin und ob ich mich zum Beispiel als Feministin sehe oder nicht. Sie müssen also stets darauf achten, Ihre eigene Rolle im Forschungsprozess zu reflektieren.

b. Prägung durch die soziale Umwelt: Nicht nur unsere eigene Haltung oder Erfahrung kann uns prägen, sondern auch die Gesellschaft, in der wir leben. Leben wir in einem christlichen, buddhistischen oder säkularen Land? Leben wir in einem kapitalistischen oder in einem planwirtschaftlichen System? Herrscht bei uns formale Gleichberechtigung der Geschlechter oder haben Frauen weniger Rechte als Männer? All diese Faktoren spielen wiederum eine Rolle für unsere Betrachtungsweise. Hinzu kommt, dass es sich bei der *„sozialen Welt“*, wie der Soziologe und Phänomenologe Alfred Schütz sie versteht, stets von den ihr angehörigen Subjekten selbst konstruiert wird. Wir als Forschende sind Teil der Gesellschaft und schaffen diese selbst, in dem wir uns in ihr bewegen (Schütz, 1974). Wenn wir also ein gesellschaftliches Phänomen betrachten, dürfen wir nie vergessen, dass wir selbst Teil der Gesellschaft sind und dass auch wir in kleinen Teilen Architekten unserer Wirklichkeit sind. Vielleicht kommt Ihnen dieser Gedanke zu abstrakt vor oder Sie denken dabei an Christopher Nolans Film *Inception*, jedoch lässt sich in unserem Alltag oftmals erkennen, wie unterschiedlich die sozialen Lebenswelten von Subjekten sein können. Stellen wir uns ein Gespräch über die Maßnahmen im Zuge der Covid-Pandemie zwischen einem Diskutanten vor, der jeden Abend die Tagesschau einschaltet und während der Pandemie täglich den Podcast des Virologen Drosten hörte, und einem zweiten Diskutanten, der ausschließlich sogenannte Alternativmedien wie Ken-FM oder RT konsumiert, vor. Beide leben, objektiv betrachtet, in derselben Welt, auch das Virus wird nicht zwischen diesen beiden Personen unterscheiden. Im Laufe des Gesprächs werden Sie aber nun feststellen, dass dieselbe Welt auf zwei unterschiedliche Weisen konstruiert wird. Beide Meinungen zusammen ergeben also eine Gesellschaft, die sowohl radikale Skeptiker als auch Rationalisten beinhaltet. Wir tragen also zur Konstruktion unserer eigenen und der außenstehenden Welt bei. Reflektieren Sie also auch Ihre Rolle bei der Konstruktion der Gesellschaft mit.

c. Das Wesen sozialer Praktiken: Das Besondere an sozialen Praktiken ist, dass diese immer bereits unter der Prämisse ausgeführt werden, dass jemand sie entweder interpretiert oder sich auf sie bezieht. Nehmen wir an, Sie nicken jemandem zu. Dies tun Sie in der Annahme, dass derjenige diese Geste als Gruß versteht und gegebenenfalls zurückgrüßt. Auch der Daumen nach oben, ein Lächeln oder ein böser Blick, den wir jemandem zuwerfen, sind Beispiele hierfür. Wir erinnern uns an Watzlawick und seinen Satz, man könne unmöglich *nicht* kommunizieren. Wenn wir also einen Text lesen, müssen wir reflektieren, dass dieser für ein Publikum geschrieben wurde. Der Autor wollte also, dass der Text interpretiert wird. Wenn wir Menschen interviewen, geben sie Antworten bewusst, denn sie wissen, dass diese interpretiert werden. Jede Aussage und jede soziale Handlung ist also bereits in einen Interpretationskontext eingebunden. Auch diesen Punkt sollten Sie bei Ihrer Arbeit im Hinterkopf behalten und dies im Rahmen der Präsentation deutlich machen.

5. **Intersubjektive Nachvollziehbarkeit:** Dieser Punkt bedeutet, dass Ihre Forschungsergebnisse auch für andere Forschende nachvollziehbar sein sollen. Sicherlich wird ein promovierter Physiker nicht jedes kleine Detail einer qualitativen Inhaltsanalyse zu Habermas' *Strukturwandel der Öffentlichkeit* verstehen, ohne sich vorher einzulesen. Es sollte jedoch unser Anspruch sein, dass auch der Physiker anhand der wissenschaftlichen Vorgehensweise und der logisch gebildeten Kategorien unser *Forschungsgebilde* verstehen kann. Grundsätzlich geht es bei einer Ergebnispräsentation immer darum, auch ein potenziell fachfremdes Publikum anzusprechen und diesem dennoch anschaulich zu erläutern, was Gegenstand unserer Arbeit war. Beziehen Sie sich dazu auch auf andere Wissenschaftler oder auf deren Forschung und deren Ergebnisse. Wenn Sie einmal einen wissenschaftlichen Text gelesen haben, werden Sie festgestellt haben, dass dieser voll mit Fußnoten, Zitaten und Verweisen war. Wissenschaft bezieht sich aufeinander und sollte deshalb *intersubjektiv*, also im Zwischenraum verschiedener Forschungssubjekte, verständlich aufbereitet werden.

6. **Praxeologische Validität:** Der letzte Aspekt, der bei der Ergebnispräsentation erfolgen sollte, ist die Offenlegung der eigenen Datenbasis zum Zwecke der Transparenz. Damit zeigen Sie dem Publikum, dass Sie angemessen vorgegangen und Ihre Daten im Sinne der wissenschaftlichen Praxis erhoben haben. Zudem verhilft diese Transparentmachung nicht nur zur besseren Überprüfbarkeit von Validität, sondern auch für Forschende nach Ihnen, die an einem ähnlichen Thema arbeiten wollen. Ihre Präsentation ist im Idealfall also nicht bloß reine Deskription *von* etwas, sondern gleichzeitig auch eine Praxisanleitung *für* etwas. Wer also an Ihrem Thema weiterarbeiten möchte, sollte im Idealfall eine saubere und gut verständliche Handlungsanleitung durch Ihre Ergebnispräsentation erhalten können.

(Meyer & Verl, 2019)

Vielleicht fragen Sie sich, warum wir so viel Zeit dafür verwendet haben, über die Präsentation und Darstellung von Ergebnissen zu sprechen. Dies hat den einfachen Grund, dass Sie im schulischen oder universitären Kontext immer auch eine Präsentation Ihrer Ergebnisse vornehmen müssen. Diese kann entscheidend für die Wahrnehmung Ihrer gesamten Arbeit sein. Wenn Sie Ihre Arbeit ausreichend reflektieren und die interessanten und gut gelungenen Aspekte spannend darstellen, wird Ihre Arbeit größeren Anklang sowohl bei Prüfenden als auch bei Betreuenden finden als im Falle einer schwachen Ergebnispräsentation. Nehmen Sie sich also auch für diesen Teil der Arbeit genügend Zeit.

Praxisbeispiel: Auswertung von Experteninterviews

Unser Beispiel aus dem letzten Kapitel war eines, in dem bereits bestehende Texte untersucht wurden. Wir haben also keine eigenen Daten erhoben, sondern sozusagen „fremde" Daten ausgewertet. Da wir dieses Beispiel intensiv besprochen haben, sollten wir an dieser Stelle einen Fall besprechen, in dem wir selbst Daten in Form eines Interviews erheben. Wir hatten bereits über die möglichen Zielgruppen des Interviews gesprochen. Ein Klassiker sind hierbei Experten, die zu einem bestimmten Thema befragt werden. Gehen wir also an dieser Stelle gemeinsam ein Experteninterview durch.

Befragt wird ein Soziologe zum Thema *Demographie und Einsamkeit*. Wir haben nämlich zuvor die These aufgestellt, dass der demographische Wandel in westlichen Industriegesellschaften das Phänomen der Vereinsamung befeuert. Unter demographischem Wandel verstehen wir, dass geburtenstarke Jahrgänge immer älter werden, während durchschnittlich immer weniger Kinder geboren werden. Das bedeutet, die Altersstruktur der Bevölkerung ändert sich, die westlichen Industriegesellschaften werden im Durchschnitt immer *älter* und das bereits seit einigen Jahren (vgl. u. a. (Schulz, 2022)). Außerdem betrachten wir statistische Erhebungen und Befragungen als Grundlage unserer Forschung, die nahelegen, dass das Gefühl, einsam zu sein, in den westlichen Industrieländern ebenfalls zunimmt (so führte zum Beispiel Großbritannien als erstes europäisches Land 2018 ein Einsamkeitsministerium ein (Hahn, 2019)).

Zu diesem Thema führen wir insgesamt fünf Interviews mit Menschen durch, die von Einsamkeit betroffen sind, hinzu kommen jeweils ein Experteninterview mit einem Soziologen, der sich mit dem Thema *Demographie und Einsamkeit* auseinandergesetzt hat, sowie mit einem Sozialpsychologen. Wir simulieren hier das Interview mit dem Soziologen.

Hinweis:
Es handelt sich dabei um einen hypothetischen Fall, diese Interviews wurden in der hier dargelegten Form nicht durchgeführt.

Vorbereitung des Interviews

Der Leitfaden

Zur Durchführung qualitativer Interviews benötigen Sie zwar keinen Fragebogen, der Punkt für Punkt abgearbeitet werden muss, dennoch benötigen Sie meist einen Leitfaden, an dem Sie sich zumindest grob bei Ihrer Gesprächsführung orientieren können. Zwar gibt es Interviewformen, bei denen selbst auf einen Leitfaden verzichtet wird, diese sind jedoch extrem anspruchsvoll in der Auswertung und daher nur äußerst bedingt zu empfehlen.

Was ist ein Leitfaden?

Ein Leitfaden gibt Ihnen ein Gerüst für die Befragung, es besteht jedoch keine Notwendigkeit, sich immer an die exakte Reihenfolge oder an die exakten Fragen des Leitfadens zu halten. Wenn also unser Experte im offenen Gespräch bereits eine Frage beantwortet, die Sie später stellen wollten, gibt es keine Notwendigkeit, später noch einmal auf dieses Thema zurückzukommen. Auch können sich neue Fragen im Laufe des Gesprächs ergeben. Diese können Sie problemlos aufnehmen, auch wenn diese nicht im Leitfaden aufgeführt sind. Umgekehrt können Sie genauso gut Fragen streichen, wenn Sie Ihnen im Laufe des Gesprächs als überflüssig erscheinen. Der Leitfaden gibt also bloß die grobe Richtung des Interviews vor und sorgt dafür, dass Sie keine relevanten Aspekte im Gespräch vergessen.

Ein guter Leitfaden enthält folgende Bestandteile:

- ? **Eine Einstiegsfrage:** Die Einstiegsfrage gibt die Richtung und das Thema des Gesprächs vor. Dabei kann sie aber auch auflockernd sein oder dazu dienen, den Gesprächspartner direkt anzuregen. Sie kennen dies vielleicht bei Diskussionen im Fernsehen, wo ein Gast vom Moderator mit einer Einstiegsfrage in das Gespräch hineingeholt wird. Dabei empfiehlt es sich, die Frage knackig zu formulieren – bringen Sie Ihren Gesprächspartner mit der Einstiegsfrage dazu, direkt ein wenig zu erklären, sodass ein Gesprächsfluss entsteht.

In unserem Beispiel könnte eine Einstiegsfrage beispielsweise lauten: „Herr Müller, leben in Deutschland zu viele alte Menschen?“ Diese Frage ist ein wenig provokant, es ist dennoch klar erkennbar, dass Sie kein „Ja“ oder „Nein“ als Antwort erwarten. Ihr Gesprächspartner wird vermutlich erst einmal negieren und sagen, dass es natürlich nicht zu viele alte Menschen im Sinne von „wir brauchen weniger Alte“ gebe, dass es aber auf der anderen Seite zu wenige junge Menschen gebe beziehungsweise die Struktur der Gesellschaft und auch der Sozialsysteme noch nicht auf das neue Altersverhältnis angepasst seien. So ist ein Einstieg ins Gespräch schnell gefunden. Sie dürfen Ihren Gesprächspartner mit der Einstiegsfrage ruhig ein wenig kitzeln, passen Sie aber auf, nicht übergriffig zu werden. Formulieren Sie bedacht und überlegen Sie, bevor Sie eine Frage stellen, stets, welche Erkenntnis Ihnen diese Antwort bringt.

- **Einen Hauptteil:** Im Hauptteil kommt der Fragenkatalog ins Spiel, den wir bereits angesprochen haben. Nicht im Sinne eines statischen Skriptes, aber als Gedankenstütze und grobe Struktur werden hier Fragen festgelegt, die man dem Gesprächspartner in jedem Fall stellen möchte. Diese Fragen werden auch als *Schlüsselfragen* bezeichnet, da sie den Schlüssel zur Beantwortung unserer Forschungsfrage darstellen. Gehen Sie offen an die Schlüsselfragen heran und vermeiden Sie Suggestivfragen (zum Beispiel: Sind Sie nicht auch der Meinung, dass Ihrem Mann das graue Hemd besser steht?). Auch wenn Sie selbst bereits eine eigene Einschätzung zu dem Thema haben oder durch bereits gelesene Texte mit einem gewissen Vorwissen in das Gespräch gehen, dürfen Sie nie vergessen, dass Sie einen Experten interviewen. Ihr Gegenüber weiß, wovon er spricht, wirken Sie daher nicht zu viel auf ihn ein. Lenken dürfen Sie das Interview nur dann, wenn Ihr Gesprächspartner abzudriften droht oder Sie nachhaken wollen. Behalten Sie die Zügel in der Hand, aber bleiben Sie dabei stets höflich und diplomatisch. Schließlich nimmt der Experte sich Zeit für Sie und macht dies in der Regel freiwillig und unentgeltlich.

Klassische Floskeln sind hierbei:

- „Können Sie mir ein wenig mehr darüber erzählen?“
- „An dieser Stelle würde ich gerne noch einmal nachhaken.“
- „Können Sie bitte noch einmal genau erklären, wie Sie das meinen, nicht, dass ich Sie an dieser Stelle falsch verstehe.“
- „Das ist interessant, führt uns aber ein wenig vom Thema weg, ich möchte noch einmal auf folgenden Aspekt zurückkommen ...“

- **Eine Zusammenfassung:** Die Zusammenfassung kann durch eine abschließende Frage eingeleitet werden, ähnlich wie die Eingangsfrage kann dabei auch die Ausgangsfrage ein wenig zugespitzt werden, um die wesentlichen Erkenntnisse zusammenzufassen, die Sie gewonnen haben. Dabei gehen Sie außerdem sicher, dass Sie den Experten richtig verstanden haben und dass Sie Ihre Erkenntnis in seinem Interesse formulieren. Gehen Sie auf die wesentlichen Fragen noch einmal im Schnelldurchlauf ein und ziehen Sie so ein erstes Fazit für das Gespräch. Bedanken Sie sich unbedingt bei Ihrem Gesprächspartner.

- **Einen Ausblick:** Geben Sie Ihrem Experten noch einen kleinen Ausblick mit auf den Weg, informieren Sie ihn darüber, in welchem Kontext Sie das Interview auswerten, was also im Folgenden mit den Antworten passiert. Die meisten Experten sind interessiert daran, wie ihre Arbeit rezipiert wird. Bieten Sie Ihrem Interviewpartner an, dass Sie ihm Ihre fertige Ausarbeitung zur Verfügung stellen, oder geben Sie ihm die Möglichkeit einer Einsichtnahme. Der Ausblick hilft aber auch Ihnen, vor Ihrem geistigen Auge bereits die Auswertung durchzugehen. Wenn Sie dem Experten beschreiben, wie Sie mit dessen Aussagen arbeiten wollen, vergewissern Sie sich in diesem Augenblick selbst noch einmal Ihrer Vorgehensweise.

Praktische Umsetzung

1. Thema finden: Sie haben sich zuletzt in einem Seminar intensiv mit dem Thema *Demographie* auseinandergesetzt. Daher haben Sie bereits gute wissenschaftliche Quellen im Hinterkopf, die Sie verwenden können. Zudem interessiert Sie das Thema *Einsamkeit*, das gerade im Zuge der Covid-Pandemie wieder sehr aktuell diskutiert wurde. Sie können also mit der Aktualität und der sozialen Relevanz des Themas Ihren Forschungsgegenstand begründen. Sie sprechen das Thema mit Ihrem Betreuer ab, der Ihnen grünes Licht gibt.

2. Forschungsfrage definieren: Im nächsten Schritt brauchen Sie eine konkrete Forschungsfrage, etwa: „Inwiefern wirkt sich der aktuelle demographische Wandel der Bevölkerungsstruktur in der Bundesrepublik Deutschland auf das Einsamkeitsempfinden der Menschen aus?" Sie haben in dieser Forschungsfrage:

a. eine räumliche Eingrenzung, nämlich die Bundesrepublik Deutschland.

b. eine zeitliche Eingrenzung, nämlich der aktuelle demographische Wandel (nicht der nach dem Zweiten Weltkrieg oder zum Zeitalter der Industrialisierung).

c. Ausdrücke, die Sie definieren können, da sie als solche feststehen (Einsamkeit kann ebenso wissenschaftlich definiert werden wie der demographische Wandel).

d. eine Beziehung der beiden Aspekte zueinander: Wie wirkt sich das eine auf das andere aus?

e. eine offene Fragestellung, die Sie nicht mit „Ja" oder „Nein" oder mit einem differenzierten „insofern, als dass" beantworten können.

3. Hypothese formulieren: Ihre Null-Hypothese, also die Hypothese, die Sie widerlegen wollen, wäre also: „Der demographische Wandel hat keine Auswirkung auf das Einsamkeitsempfinden der Menschen"; die Hypothese H1, auch Gegenhypothese genannt, würde lauten: „Der demographische Wandel hat Auswirkungen auf das Einsamkeitsempfinden der Menschen."

4. Experten anfragen: Bei Ihrer Recherche werden Sie auf den Soziologen Markus Müller aufmerksam, der bereits einige wissenschaftliche Beiträge zu Ihrem Thema verfasst hat und zudem in einer Fernseh-Talkshow und einem Interview im Deutschlandfunk zum Thema *Demographie und Einsamkeit* gesprochen hat. Durch eine Recherche finden Sie eine dienstliche Mail-Adresse und schildern Herrn Müller Ihr Anliegen. Sie bitten ihn um ein Interview. Wichtig ist, dass Sie sich kurz vorstellen und dem Experten schildern, in welchem Kontext Sie ihn befragen möchten:

„Sehr geehrter Herr Dr. Müller, mein Name ist Manuela Mustermann und ich studiere aktuell an der Goethe-Universität in Frankfurt am Main Soziologie. Ich befasse mich derzeit intensiv mit Demographie und Einsamkeit, da meine Master-Thesis dieses Thema behandelt. In diesem Kontext möchte ich Experteninterviews führen, um eine qualitative Inhaltsanalyse vorzunehmen. Da Sie einer der führenden Experten auf dem Gebiet sind und ich bereits mehrere Publikationen von Ihnen gelesen und zitiert habe, würde ich mich sehr freuen, wenn Sie mir eine Chance einräumen würden, Sie zum Thema Demographie und Einsamkeit zu befragen. Ich bin zeitlich flexibel, Sie können mir gerne einen Wunschtermin vorschlagen. Gerne können wir das Interview via Skype/Zoom /Teams führen, falls dies unkomplizierter für Sie sein sollte. Selbstverständlich werde ich Ihnen im Anschluss an das Interview meine Ausarbeitung zusenden, wenn Sie dies wünschen, sodass Sie überprüfen können, ob ich Sie korrekt wiedergegeben habe. Über eine positive Rückmeldung würde ich mich sehr freuen. Freundliche Grüße, Manuela Mustermann.“[6]

5. Leitfaden erstellen: Sie haben Glück und Herr Müller sagt Ihnen zu, dass er Mittwoch in zwei Wochen gegen 15:30 Uhr eine halbe Stunde via Zoom sprechen könne. Nun gilt es für Sie, den Leitfaden zu erstellen. Überlegen Sie sich Fragen, die Sie auf jeden Fall stellen wollen. Für ein halbstündiges Interview sind fünf bis sechs größere Fragen im Leitfaden absolut ausreichend, da sich weitere Fragen in der Gesprächssituation ergeben werden. In unserem Beispiel könnten die Fragen folgende sein:

a. Schlüsselfrage: „Herr Müller, leben in Deutschland zu viele alte Menschen?“

b. Frage 2: „Welche Auswirkungen hat der demographische Wandel auf die sozialen Beziehungen der Menschen?“

c. Frage 3: „Wie definieren beziehungsweise misst man eigentlich Einsamkeit?“

d. Frage 4: „Gibt es einen altersbezogenen Unterschied im Einsamkeitsempfinden? Das heißt: Empfinden ältere Menschen über 60 Jahre Einsamkeit messbar anders/stärker/schwächer als etwa junge Menschen unter 30?“

e. Frage 5: „Welche weiteren Faktoren neben der Demographie können ursächlich für Einsamkeit sein, beziehungsweise gibt es auch hier eine demographische Komponente (etwa Nutzung sozialer Medien)?“

f. Frage 6 (Ausblick): „Welche Entwicklung erwarten Sie in den nächsten Jahren?“

g. Abschlussfrage: „Ich fasse zusammen: ... Habe ich Sie so richtig verstanden und Ihre Aussagen korrekt wiedergegeben?“

---

[6] Dies ist nur ein Beispiel und kann je nach persönlicher Präferenz umformuliert werden.

6. Das Interview führen: Schließlich ist es so weit, Sie befragen Herrn Müller nach dem von Ihnen vorbereiteten Leitfaden. Um das Beispiel nicht ausufern zu lassen, beantwortet er an dieser Stelle die gestellten Fragen relativ knapp, in einer realen Interviewsituation würden weitere Zwischen- und Nachfragen gestellt werden. Da diese sich jedoch ohnehin meist aus dem Kontext des Interviews ergeben, können wir sie an dieser Stelle aussparen:

a. INTERVIEWER: „Herr Müller, leben in Deutschland zu viele alte Menschen?"

b. EXPERTE: (lacht) „Das kommt natürlich darauf an, was Sie mit *zu viele* meinen. Ich bin definitiv kein Befürworter einer Obergrenze für alte Menschen. Die Frage ist viel mehr, inwiefern das Verhältnis von älteren und jüngeren Menschen in einer Gesellschaft gelagert ist. Das hat Auswirkungen einerseits natürlich auf umlagefinanzierte Sozialsysteme, andererseits aber auch auf den sozialen Beziehungskontext. Soziale Beziehungen älterer Menschen sind grundlegend anders als die jüngerer Menschen. Von daher kann man sagen: Unsere Gesellschaft altert im Schnitt messbar, ob dies zu einer Problemstellung führt, hängt aber von unserer Ausgestaltung sozialer Beziehungen und natürlich auch von politischen Maßnahmen ab. Langsam, aber sicher erkennt auch die Politik die Demographie als entscheidenden Faktor an, das war lange leider nicht der Fall gewesen, aber vielleicht haben wir in ein paar Jahren auch ein Einsamkeitsministerium wie die Briten."

c. INT: „Das ist interessant, dass Sie die politische Dimension ansprechen. Welche Auswirkungen hat denn der demographische Wandel konkret auf die sozialen Beziehungen der Menschen? Und wo sehen Sie die politische Dimension?"

d. EXP: „Nun, konkret kann man sagen, dass ältere Menschen häufiger vom Phänomen der Einsamkeit betroffen sind. Im Alter ändert sich vor allem die Art der sozialen Beziehung, die zufälligen Begegnungen werden weniger, da zum Beispiel der Weg zur Arbeit wegfällt; natürlich auch die Arbeit an sich, man hat nicht mehr zehn Kollegen jeden Tag um sich herum. Selbst wenn man keine besonders engen Beziehungen zu den Arbeitskollegen gepflegt hat, waren sie doch ein soziales Aufeinandertreffen. Diese Faktoren fallen weg, wenn man ins Rentenalter eintritt. Man muss sich die Sozialität gezielter organisieren. Ab einem gewissen Alter, sagen wir, ab 75 Jahren, kommt natürlich die Mortalität hinzu, man erlebt, dass Bekannte oder Freunde krank werden oder versterben, somit fallen weitere Bezugspunkte weg. Wenn es mehr Ältere gibt, die zudem immer älter werden, steigt auch die Zahl der Einsamen, da gibt es einen Zusammenhang. Aber auch jüngere Menschen können einsam sein. Zur demographischen Entwicklung gehört ja auch im weiteren Sinne die Wohnraumstruktur. Wir erleben den Trend der Urbanisierung bei jungen Menschen unter 30 schon seit längerer Zeit. Man drängt in den urbanen Raum, um zu studieren und die Freiheiten und Angebote des Stadtlebens zu genießen. Dank steigender Mieten und relativer Anonymität im städtischen Raum bleibt aber oftmals nur die kleine Einzimmerwohnung, sodass Sozialität außerhalb des Wohnraums stattfinden muss. Gerade für junge Menschen, die aus einer fremden Stadt zugezogen sind und nicht von Haus aus extrovertiert sind, ist es unter Umständen schwer, ein soziales Umfeld aufzubauen. Die politische Dimension ist klar, es müssen Angebote für Begegnungen geschaffen werden, Cafés, Parks, kommunal organisierte Treffpunkte. Man hat die Förderung solcher Projekte politisch oft vernachlässigt."

e. INT: „Wie definiert/misst man eigentlich Einsamkeit?"

f. EXP: „Durch qualitative Befragung. So wie wir jetzt sprechen, spreche ich mit Menschen, die von Einsamkeit betroffen sind. Es ist ein subjektives Empfinden, ähnlich wie Glück oder Trauer. Sie können keine Messgeräte anbringen und die Einsamkeit messen, wie etwa die Herzfrequenz. Sie müssen die Leute fragen, wie sie sich fühlen, was das Gefühl der Einsamkeit in ihnen auslöst. Dazu braucht es auch Empathie. Manchmal sieht man es Menschen gar nicht an, dass sie einsam sind, es hat nicht immer etwas mit der Anzahl der Bekanntschaften zu tun. Manche Menschen kennen Gott und die Welt, sind aber im Grunde ihrer Empfindungen sehr einsam."

g. INT: „Gibt es einen altersbezogenen Unterschied im Einsamkeitsempfinden? Das heißt: Empfinden ältere Menschen über 60 Jahre Einsamkeit messbar anders/stärker/schwächer als etwa junge Menschen unter 30?"

h. EXP: „Beide Gruppen sind von Einsamkeit betroffen. Auch die Auswirkungen und die Empfindungen sind sehr ähnlich. Die Ursachen sind, wie bereits erwähnt, unterschiedlich, aber man kann nicht per se sagen, dass das Einsamkeitsempfinden anders gelagert ist. Bei älteren Menschen kann es jedoch etwas schneller passieren, dass sie resignieren, da sie davon ausgehen, keine neuen Leute mehr kennenzulernen. Junge Menschen sind da oft etwas proaktiver, können aber umso verzweifelter und deprimierter sein, wenn der Aufbau sozialer Beziehungen misslingt. Dies gilt im Übrigen auch für Paarbeziehungen. Nicht geliebt zu werden oder keinen Partner zu finden, kann das Gefühl von Einsamkeit enorm erhöhen. Dieses Phänomen betrifft natürlich tendenziell eher jüngere Leute."

i. INT: „Sie haben bereits andere Faktoren angesprochen: Welche weiteren Faktoren neben der Demographie können ursächlich für Einsamkeit sein, beziehungsweise gibt es auch hier eine demographische Komponente?"

j. EXP: „Sie spielen vermutlich auf meinen Text zu den sozialen Medien an, die ich als Treiber von Einsamkeitsempfinden beschreibe. Sie können diese natürlich erst einmal losgelöst von demographischen Aspekten betrachten. Soziale Medien erhöhen das Gefühl der Einsamkeit, weil sie uns suggerieren, dass andere Menschen nicht einsam sind. Je glücklicher die Welt um uns herum scheint, desto deprimierter sind wir über unsere eigene Deprimiertheit. Auf Instagram posten ja fast alle Leute nur ihre schönen Erlebnisse, wenn sie mit anderen zusammen etwas unternehmen, die Welt bereisen oder das tollste Essen kochen. Junge, einsame Menschen sehen dann diese Bilder und sitzen dabei alleine in ihrer Einzimmerwohnung und essen ein Tiefkühlgericht, weil sie keine Verabredung zum Essen haben. So etwas macht gefühlt zusätzlich einsamer. Wir können darüber streiten, ob das ein demographischer Trend ist, aber es betrifft natürlich überwiegend junge Leute."

k. <u>INT</u>: „Welche Entwicklung erwarten Sie in den nächsten Jahren?"

l. <u>EXP</u>: „Es ist schwierig, Sie wissen ja, Prognosen sind immer dann schwierig, wenn sie die Zukunft betreffen. Generell richtet sich mein Appell an die Politik. Auch wenn wir in einem schlanken Staat, wie ihn die Ökonomen immer fordern, auf Soziales verzichten, um Geld einzusparen, wird uns das auf Dauer nicht weiterbringen. Auch ökonomisch übrigens nicht, denn Einsamkeit ist ein Treiber für psychosomatische Erkrankungen, etwa Depressionen. Arbeitgeber klagen bereits seit Jahren über eine hohe Zahl an Krankheitstagen wegen psychischer Probleme. Von allein wird sich das Problem nicht lösen lassen, daher hoffe ich, dass wir in ein paar Jahren ein höheres Budget für Soziales im Bundeshaushalt haben und dass es dort einen gesonderten Posten für das Problem der Demographie und der Einsamkeit gibt."

m. <u>INT</u>: „Ich fasse zusammen: Einsamkeit hängt nicht nur, aber in starkem Maße von der Demographie ab. Junge und alte Menschen sind aus unterschiedlichen Gründen betroffen, empfinden Einsamkeit aber grundsätzlich ähnlich, das geht aus qualitativen Befragungen hervor. Sie wünschen sich ein stärkeres Eingreifen der Politik, da Einsamkeit ein individuelles sowie gesellschaftspolitisches Problem ist. Habe ich Sie so richtig verstanden und Ihre Aussagen korrekt wiedergegeben?"

n. <u>EXP</u>: „Ja, genau, das können Sie gerne drucken. Bitte schicken Sie mir doch Ihre Ausarbeitung zu, wenn Sie so weit sind. Ich habe zwar viel zu tun, aber das interessiert mich jetzt doch, welche Rückschlüsse Sie aus unserem Gespräch ziehen."

o. <u>INT</u>: „Das mache ich, vielen Dank Herr Müller und einen schönen Tag noch."

7. Das Interview auswerten: Im nächsten Schritt werten Sie das Interview aus. Entwickeln Sie auf Basis Ihrer Literatur und des Interviews ein Kategoriensystem. Ordnen Sie die Aussagen der jeweiligen Kategorie zu. Wenn Sie mehr als ein Interview führen, können Sie zudem eine Zuordnung zum Interviewpartner vornehmen. Folgende Kategorien wären hier denkbar:

a. Einsamkeit und soziale Beziehungen:

- **i.** Begriffsdefinition von Einsamkeit
- **ii.** Messbarkeit von Einsamkeit
- **iii.** Einsamkeitsempfinden durch Fehlen sozialer Bindung
- **iv.** Einsamkeitsempfinden trotz sozialer Bindung

b. Demographischer Faktor:

- **i.** Allgemeine Entwicklung der Demographie
- **ii.** Junge Menschen
- **iii.** Alte Menschen

c. Weitere Faktoren

- **i.** Soziale Medien
- **ii.** Politische Dimension
    - **1.** Einsparungen / fehlende Anerkennung seitens der Politik
    - **2.** Wohnraumsituation

d. Folgen:

- **i.** Soziale Folgen
- **ii.** Psychische Folgen
- **iii.** Ökonomische Folgen (indirekt)

8. Vergleich mit Ihrem Forschungsstand: Sie haben vor dem Interview bereits einen Forschungsstand ausgearbeitet. Vergleichen Sie die Aussagen Ihres Experten aus dem Interview mit dem Forschungsstand. Haben Sie dort ähnliche Erkenntnisse oder gibt es unter Umständen Widersprüche? Wichtig ist, dass Sie nicht ausschließlich auf Publikationen Ihres Experten zurückgreifen, wenn Sie den Doppel-Check mit Ihrem Forschungsstand vornehmen. Ansonsten wird die Betrachtung schnell zu einseitig. Ziehen Sie also alle Quellen heran, die Sie auch in Ihrem Forschungsstand verwendet haben.

9. Beantwortung der Forschungsfrage: Final können Sie nun Ihre Forschungsfrage beantworten. „Der demographische Wandel wirkt sich insofern auf das Einsamkeitsempfinden der Menschen aus, als dass ältere Menschen eine stärkere Tendenz zur Einsamkeit aufweisen. Soziale Beziehungen werden unter anderem aufgrund des Wegfalls der Arbeitsbeziehungen nummerisch reduziert. Zudem steigt mit zunehmendem Alter die Anzahl der Todesfälle im Bekanntenkreis, insbesondere in der Gruppe der Über-75-jährigen. Doch auch jüngere Menschen empfinden vermehrt Einsamkeit, was nicht nur mit der Demographie zusammenhängt, doch auch hier lässt sich ein Zusammenhang feststellen: Als Teil des demographischen Wandels ist auch die Urbanisierung, also die Konzentration des Wohnens auf die Stadt und stadtnahe Gebiete, zu betrachten. Aufgrund des knappen Wohnraums und verhältnismäßig teurer Mieten ist der Ein-Personen-Haushalt zum üblichen Wohnmodell vieler junger Menschen geworden, die so den Wegfall der wohnlichen sozialen Beziehungen kompensieren müssen. Durch die statistisch zu beobachtende Alterung der Gesellschaft in Kombination mit der angewachsenen Singularität im Alltagsleben junger Menschen durch Urbanisierung steigt das Einsamkeitsempfinden an beiden Enden der Alterspyramide messbar an. Auch wenn die Ursachen hierfür nicht einzig und allein demographischer Natur sind, spielt die Demographie hierbei doch eine entscheidende Rolle."

Stolpersteine und Fallstricke erklärt

Auch die Durchführung eines Leitfadeninterviews kann gewisse Fallstricke bereithalten. Grundsätzlich ist das Leitfadeninterview nicht sehr anfällig für Fehler, da es sich noch immer um ein nicht-standardisiertes Interview handelt, doch es gibt Fallen, in die Sie besser nicht tappen sollten:

• **Zu zeitintensive Erstellung des Leitfadens:** Manche Interviewer neigen dazu, tagelang über die Erstellung des Leitfadens zu grübeln. Eine gute Vorbereitung des Interviews ist das A und O Ihrer Ausarbeitung, dennoch können Sie den Leitfaden knapp halten und ihn auf die wesentlichen Aspekte reduzieren. Überlegen Sie sich eine gute Einstiegsfrage und überlegen Sie anhand der Forschungsfrage, welche Aspekte Ihnen wirklich wichtig sind und welche Antworten Ihnen der Experte hierzu liefern kann. Auch sollten Sie das zeitliche Limit beachten, denn meistens haben die interviewten Experten nicht unendlich viel Zeit. Eine gute Länge für ein Experteninterview ist etwa eine halbe Stunde. Packen Sie nicht zu viel in diese halbe Stunde hinein, sondern fokussieren Sie sich auf die wesentlichen Aspekte und die zentralen Fragen. Die restlichen Fragen ergeben sich aus dem Gespräch heraus.

• **Zu starke Orientierung am Leitfaden:** Gerade unerfahrene Interviewer neigen dazu, zu sehr am Leitfaden festzuhalten. Dies kann unter Umständen den Gesprächsfluss und das Antwortverhalten Ihres Interviewpartners beeinträchtigen. Lassen Sie Ihren Gesprächspartner aussprechen und haken Sie nur ein, wenn Sie das Gefühl haben, dass Sie sich von Ihrem Thema wegbewegen. Ansonsten sehen Sie den Leitfaden als Vorschlag, als Fundament, auf dem Ihr Interview errichtet wird. Schauen Sie am besten während des Gesprächs nur hin und wieder auf Ihren Leitfaden und vergewissern Sie sich, dass Sie alle Schlüsselfragen gestellt haben. Aber denken Sie immer daran – es gibt keine Liste mit Fragen, die Sie abhaken, wie etwa bei einem standardisierten Interview. Das offene und flüssige Gespräch ist das Ziel!

• **Verallgemeinernde Interpretation / voreilige Schlüsse:** Machen Sie sich bewusst, dass es sich bei einem qualitativen Experteninterview um die Befragung einer einzelnen Person handelt! Diese Person verfügt zwar über ein großes Fachwissen, dennoch kann man die Daten nicht wie bei einer quantitativen Befragung interpretieren. Sie müssen sich bewusst machen, dass Sie das Gespräch mit einem Experten zu voreiligen Schlüssen (induktiver Natur) verleiten kann. Beziehen Sie sich also explizit auf den Experten und machen Sie bei der Auswertung und bei der Kategorienbildung transparent, dass Sie sich auf ein Interview, also auf die Aussagen einer Person, beziehen. Da Sie meist mehrere Menschen interviewen, können Sie den einzelnen Interviews eine gesamte Kategorie zusprechen, am besten ist es allerdings, wenn Sie inhaltliche Kategorien bilden und im Anschluss gegebenenfalls zwischen den Experten differenzieren. Wir vercoden also eine Aussage mit „1“ und ordnen dann die Aussage des Experten Michael Müller („A") der Kategorie 1 zu, sodass wir Unterkategorie 1A erstellt haben. Machen Sie deutlich, dass Sie den Prozess Ihrer Datenerhebung reflektiert haben und dass Sie sich dessen bewusst sind, dass es sich bei einer qualitativen Befragung nicht um die Erhebung verallgemeinerbarer Aussagen handelt, sondern um einen tiefen, aber dennoch singulären Einblick.

- **Missverständnisse:** In einer Gesprächssituation kann es leicht passieren, dass Sie Ihren Gesprächspartner missverstehen oder Aussagen in seine Worte hineininterpretieren, die so nicht gemeint waren. Die Abschlussfrage mit einer kurzen Zusammenfassung hilft Ihnen dabei, dies zu vermeiden. Außerdem kann es hilfreich sein, die Publikationen Ihres Experten, wenn diese zugänglich sind, zu lesen. Dort können Sie dessen Position unter Umständen geordneter nachvollziehen und einen Abgleich mit Ihrer Interpretation der Interview-Aussagen vornehmen.

Fazit

Sie wissen nach der Lektüre dieses Buches nun, worum es sich bei der qualitativen Inhaltsanalyse handelt. Sie haben gelernt, wie diese funktioniert, welchen Sinn und Zweck sie hat und in welchen Fachbereichen sie sich als Methode anwenden lässt.

Doch Sie sind nicht bloß mit Theoriewissen gefüttert worden, sondern auch mit der notwendigen Anleitung zur praktischen Umsetzung. Oder mit anderen Worten: Sie haben nicht nur etwas über die Zutaten Ihres Menüs gelernt, sondern auch das Rezept zur Zubereitung in der Hand. Die Voraussetzungen für ein gelungenes Menü sind also gegeben.

Nun liegt es an Ihnen, das Gelernte umzusetzen. Wichtig ist hierbei, dass Sie sich mit der von Ihnen gewählten Arbeitsweise wohlfühlen und dass Sie mit den von Ihnen etablierten Schemata und Kategorien zurechtkommen. Ihre Arbeit kann nur dann ein voller Erfolg werden, wenn Sie selbst in Ihrem eigenen Thema aufgehen; dennoch sollten Sie stets die Perspektive des Außenstehenden im Hinterkopf behalten, schließlich schreiben Sie nicht nur für sich, sondern für ein Publikum, sei es Ihr Lehrer/Professor oder eine Leserschaft aus einem nicht-akademischen Umfeld.

Gehen Sie klar und strukturiert vor und denken Sie vor allem zu jeder Zeit an die Reflexion Ihrer eigenen Ausarbeitung. Diese ist entscheidend, wenn Sie eine möglichst umfassende und inhaltlich tiefe Analyse vornehmen möchten.

Zuletzt bleibt mir nicht mehr, als Ihnen viel Erfolg bei Ihrer nächsten oder vielleicht sogar ersten Inhaltsanalyse und bei Ihrem gesamten Studium zu wünschen. Bleiben Sie diszipliniert, aber vergessen Sie die Freude bei Ihrem Studium nicht. Auch wenn Sie im einen oder anderen Semester eine ganze Menge Text zu bewältigen haben – Sie wissen jetzt schließlich, wie Sie damit umgehen können. Viel Erfolg!

Literaturverzeichnis

Adorno, T. W. (1953). *Aufzeichnungen zu Kafka.* Frankfurt: Fischer Verlag.

Baur, N., & Hering, L. (Vol. 69 2017). Die Kombination von ethnografischer Beobachtung und standardisierter Befragung. *Kölner Zeitschrift für Soziologie und Sozialpsychologie*, S. 387-414.

Behrens, K. C. (1966). *Demoskopische Marktforschung.* Wiesbaden: Springer Fachmedien.

Bergmann, K. (2000). *Multiperspektivität. Geschichte selbst denken.* Schwalbach/Ts.: Wochenschau.

Gadamer, H.-G. (1960). *Wahrheit und Methode.* Tübingen: Mohr Siebeck.

Gander, H.-H. (2005). Hans-Georg Gadamer. In der Spur des Verstehens. In J. Hennigfeld, *Philosophen der Gegenwart. Eine Einführung* (S. 31-48). Darmstadt: Wissenschaftliche Buchgesellschaft.

Geertz, C. (1987). *Dichte Beschreibung. Beiträge zum Verstehen kultureller Systeme.* Frankfurt: Suhrkamp.

Gerbner, G., Holsti, O. R., Krippendorf, K., Pastely, W. J., & Stone, P. J. (1969). *The analysis of communication content.* New York: Wiley.

Gildemeister, R., & Wetterer, A. (1992). Doing Gender. Wie Geschlechter gemacht werden. Die soziale Konstruktion der Zweigeschlechtlichkeit und ihre Reifizierung in der Frauenforschung. In G. Axeli-Knapp, *Traditionen, Brüche. Entwicklung feministischer Theorie* (S. 201-254). Freiburg im Breisgau: Kore Verlag.

Gottowick, V. (2004). Clifford Geertz und der Verstehensbegriff der interpretativen Anthropologie. In H.-M. Gerlach, A. Hütig, & O. Immel, *Symbol, Existenz, Lebenswelt. Kulturphilosophische Zugänge zur Interkulturalität.* (S. 155-167). Frankfurt: Peter Lang Verlag.

Groeben, N., & Rustemeyer, R. (1995). Inhaltsanalyse. In E. König, & P. Zedler, *Bilanz qualitativer Forschung. Band II Methoden* (S. 523-554). Weinheim: Deutscher Studienverlag.

Hahn, M. (12. 23 2019). *Ein Ministerium leistet Pionierarbeit*. Abgerufen am 19. 03 2023 von deutschlandfunk.de: deutschlandfunk.de/grossbritannien-ein-ministerium-leistet-pionierarbeit-100.html

Krippendorf, K. (2004). *Content Analysis: An introduction to its methodology.* Thousand Oaks: Sage Publishing.

Kühnel, S., & Krebs, D. (2012). *Statistik für die Sozialwissenschaften. Grundlagen, Methoden, Anwendungen.* Hamburg: Rowohlt.

Marx, K. (2017/1867). *Das Kapital. Kritik der politischen Ökonomie.* Leizig: Zweitausendeins.

Mayring, P. (1983). *Qualitative Inhaltsanalyse. Grundlagen und Techniken.* Weinheim: Deutscher Studien Verlag.

Mayring, P. (1985). Zur subjektiven Bewältigung von Arbeitslosigkeit. *Zeitschrift für Pädagogik*, S. 516-520.

Mayring, P. (2010). Qualitative Inhaltsanalyse. In G. Mey, & K. Mruck, *Handbuch Qualitative Forschung in der Psychologie* (S. 601-613). Wiesbaden: Springer Fachmedien.

Mayring, P. (2010a). Qualitative Inhaltsanalyse. In G. Mey, & K. Mruck, *Handbuch Qualitative Forschung und Psychologie* (S. 601-613). Wiesbaden: Springer Fachmedien.

Mayring, P., & Brunner, E. (2006). Qualitative Inhaltsanalyse. In R. Buber, & H. Holzmüller, *Qualitative Marktforschung* (S. 669-680). Wiesbaden: Springer Fachmedien.

Meyer, C., & Verl, C. M. (2019). Ergebnispräsentation in der qualitativen Forschung. In N. Baur, & J. Blasius, *Handbuch Methoden der empirischen Sozialforschung* (S. 271-289). Wiesbaden: Springer Fachmedien.

Oevermann, U. (2004). Manifest der objektiv hermeneutischen Sozialforschung. In J. Fikfak, A. Frame, & D. G. (Hrsg.), *Qualitative research. Different perspectives, emerging trends.* Ljubljana: Zalozba.

Pfeiffer, F. (18. März 2022). *Qualitative Inhaltsanalyse nach Mayring in fünf Schritten.* Abgerufen am 18. März 2023 von scribbr.de: scribbr.de/methodik/qualitative-inhaltsanalyse/

Reichertz, J. (2014). Qualitative Sozialforschung. Ansprüche, Prämissen, Probleme. In G. Mey, & K. Mruck, *Qualitative Forschung. Analyse und Diskussionen* (S. 87-102). Wiesbaden: Springer Fachmedien.

Scheffer, T. (03. Juni 1997). Dolmetschen als Darstellungsproblem. *Zeitschrift für Soziologie*, S. 159-180.

Schulz, S. (2022). *Die Altenrepublik. Wie der demographische Wandel unsere Zukunft gefährdet.* Hoffmann und Campe: Hamburg.

Schütz, A. (1974). *Der sinnhafte Aufbau der sozialen Welt. Eine Einleitung in die verstehende Soziologie.* Frankfurt am Main: Suhrkamp.

Searle, J. (1965). What is a speech act? In M. Black, *Philosophy in America* (S. 221-239). London: Allen.

Universität-Klagenfurt. (kein Datum). *Prof. Dr. Philipp Mayring*. Abgerufen am 25. Februar 2023 von https://philipp.mayring.at: https://philipp.mayring.at

Watzlawick, P. (2016). *Man kann nicht nicht kommunizieren. Das Lesebuch, 2. Auflage.* Göttingen: Hogrefe.

Weber, R. (01. August 1990). Basic Content Analysis. *Quantitative Applications in the Social Science*, S. Band 49.